LYON
dans son lustre
Quid fortius leone ?
Iudic. 14.
Claudine
Brunand
fecit

LYON DANS SON LUSTRE.

DISCOURS DIVISE' EN DEUX PARTIES:

La Premiere

Embrasse les Eloges de la Ville & des Habitans.

La Deuxiéme

Par vne recherche curieuse met au iour l'état present du Corps Ecclesiastique, du Politique, & du Militaire; suiuy des noms & qualitez de tous ceux qui les gouuernent, & de plusieurs autres singularitez.

Par Chapuseau

A LYON,
Chez SCIPION IASSERME.
Aux depens de l'Autheur.

M. DC. LVI.
AVEC PRIVILEGE DU ROY.

A MESSIEVRS LES PREVOST DES MARCHANS ET ESCHEVINS DE LA VILLE DE LYON; Presidens Iuges Conseruateurs des Priuileges Royaux de ses Foires,

IAQVES GVIGNARD, Seigneur de Belleueuë, Vicomte de S.Priest, Conseiller du Roy en ses Conseils, President en sa Cour des Aydes & Finances de Dauphiné, Preuost des Marchans continué de la ville de Lyon:

Et Maistre PIERRE MELLIER, Escuyer, plus ancien Magistrat en la Seneschaussée & Siege Presidial dudit Lyon:

Noble REMOND BERERD, Bourgeois.

Maistre IVSTINIAN CROPPET, Escuyer, Seigneur d'Iriny, Conseiller du Roy, Maistre des ports, ponts & passages de l'ancien Gouuernement Lyonnois:

Et Noble NOEL COSTAR, Bourgeois: Escheuins de ladite Ville & Communauté de Lyon.

ESSIEVRS,

Vous venez de jetter la vûë sur le plan d'vne

 Ville

Ville Illuſtre dont Vous auez la conduite; Vous l'auez portée en ſuite ſur ce Lyon & ces fleurs de lis qu'elle a retenus pour ſes nobles armes ; Vous l'auez tournée en même temps ſur les Vôtres propres ; & Vous l'auez arrêtée enfin ſur la ſuperbe face de Vôtre Hôtel, qui remplit l'Vniuers de ſa merueille. Poſſible qu'autant qu'il eſt nouueau, ce deſſein Vous a paru trop hardy, & que Vous me blâmez, à découurir tant de choſes dans ſi peu d'eſpace, d'auoir vsé de menage pour vn ſújet tout plein de pompe & de majeſté. Mais ie ne ſçay, MESSIEVRS, ſi ce reproche ne me doit point être áuantageux, quand ie Vous diray que ie ne pouuois faire le tableau de Vôtre Ville, ſans repreſenter du même trait ſes plus riches ornemens ; ſans mettre en vûë ce Lyon où ie la tiens enchaſsée, & duquel elle garde la figure ; ce riche embleme de la generoſité & de la force, qualitez qu'elle poſſede par eſſence, & par vn attribut tres particulier ; ſans deſſigner ces Tours qui la defendent ſi puiſſamment, & ces Cheurons qui tout briſez qu'ils ſont, ſoûtiennent vne bonne partie du faîte de l'Empire Lyonnois ; ſans faire parêtre

rêtre ces Estoilles & ces Croissans, marques trop visibles de sa splendeur & de l'augmentation de sa gloire soûs leur benigne influence; sans donner place à cet autre Lyon qui ne se découure qu'à moitié, mais qui decouure le chef, siege de la prudence si necessaire au gouuernement des Estats; sans depeindre ce Coq, aupres duquel ce Roy des animaux commence à s'âpriuoiser, & qui loin de prendre de la frayeur de son chant, semble dormir desormais en assurance, & se reposer sur ses veilles; sans produire enfin le frontispice majestueux d'vn Palais, qui doit passer aujourd'huy pour vn miracle: mais vn miracle acheué, tandis que les premiers edifices de l'Europe demeurent dans l'imperfection & dans l'attente, & qui témoigne que Vous êtes capables ensuitte de venir à bout des plus hauts desseins. Il est vray, MESSIEVRS, qu'il ne falloit pas vn logement moins beau pour la belle iustice que Vous y rendez aux peuples, que ce Domicile Royal êtoit dû aux Illustres personnes qui l'administrent, & qu'vne des plus celebres Villes du Monde meritoit d'enfermer vne semblable Maison. Le discours que ie prens la liberté de Vous offrir, pourra

pourra mieux Vous exprimer cette verité, & il Vous persuadera sans doute, que c'est beaucoup plus du cœur que de la plume que ie fais vn vœu indissoluble d'être toute ma vie auec grand respect,

MESSIEVRS,

Vôtre tres-humble & tres-obeissant
seruiteur
CHAPPVZEAV.

Aduertissement.

TV ne peus manquer, Mon cher Lecteur, de treuuer des defauts dans cet ouurage, si tu le compares à la dignité de son sújet: mais tu ne peus te defendre de les excuser, si tu prens la peine de t'informer à quelles ócupations ie suis reduit depuis quatre années. Il suffit que tu sçaches qu'encore que ie ne sois pas de ces longs réueurs à coucher vne mauuaise lettre, quelque heure du iour ou de la nuit que i'épie, ie n'en écris point qu'il ne me faille reprendre & cinq & six fois. Iuge par là de la difficulté que i'ay euë à venir à bout d'vne centaine de pages, & à courir toute la Ville pour tirer les memoires qui composent la deuxiéme partie de mon discours. S'ils se treuuent moins exacts que tu ne desires, ne m'en accuse point, ácuses en les personnes de qui ie les ay receus. Encore que celles qui m'ont fait la grace de me soulager dans cette recherche soient entrées bien auant dans mes interests, & dans les interests du public, pour ne luy rien produire que de veritable, & me sauuer du reproche d'auoir été negligent. Si ie peche aussi dans l'ordre, ápren que ie ne me pique pas de tout sçauoir, & que ie ne pretens pas qu'vn recueil fait à plaisir serue de loy pour la preseance. Ma premiere Partie n'embrasse pas non plus les éloges de tous les Corps, & i'ay iugé à propos d'en renuoyer quelques vns à la suiuante, où ie tâche de contenter vn chacun.

é le

Ie laisse à part les antiquitez de Lyon, que d'autres ont recherchées auant moy, & il ne faut auoir qu'vne legere teinture de l'histoire, pour ne pas ignorer qu'il est aussi ancien que le nom des Gaules, puis qu'il donne le sien à l'vne de ses principales Regions. Ie le represente comme il se void aujourd'huy, & de quelque côté que ie le veille considerer, ie conclus qu'il est entré dans son plus haut lustre. Possible encore n'ay-ie pas si bien épluché toutes les particularitez de la Ville, dont la moindre eut merité son eloge, & i'ay crû qu'en touchant ses principaux áuantages ie donnerois plus de facilité au raisonnement, & plus de satisfaction à ceux qui l'aiment. Ie ne feray point le fin; i'ay porté tous mes efforts de ce côté, & tu seras sans doute auec moy de l'opinion de Lactance, qui conclud qu'en matiere de haranguer ou d'écrire, Placet magis ornata veritas. *Pren le tout en bonne part, & honore de tes affections celuy qui se tiendra honoré de ton estime.*

SOM

SOMMAIRE
DE LA PREMIERE PARTIE.

Sommaire de la Seconde Partie.

CHAPITRE III.

Du Corps Militaire.

Approbation Des Docteurs en Theologie de la Faculté de Paris.

TOVTES les belles productions meritent de voir le iour. Celle-cy soit pour son sújet, soit pour sa conduite soûtenue par de forts raisonnemens & de tres riches pensées que releue encore la delicatesse du discours, ne pourroit se tenir cachée qu'au desáuantage du public. Si Lyon doit passer pour vne tres belle ville, ses interests ne pouuoient tomber entre de meilleures mains, & le S[R] CHAPPVZEAV *en depeint la gloire auec tant d'adresse, qu'il a eu sújet de donner pour titre à son recueil,* LYON DANS SON LVSTRE. *Nous l'auons lû auec beaucoup de satisfaction, & les diuerses matieres qu'il embrasse font parêtre qu'il a des lumieres vniuerselles, & qu'il sçait parler pertinemment & en bref de tout. Nous n'y auons rien treuué qui fust digne de nos censures, & n'auons pas seulement iugé à propos de l'áprouuer : mais encore d'en presser la publication, qui ne peut estre que glorieuse en general pour la France, & en particulier pour les Lyonnois. Donné à Lyon, le deuxiéme Decembre mil six cens cinquante cinq.*

F. P. Lombard, Docteur de Paris, & Prouincial des Carmes de la Prouince de Narbone.

F. P. Petrot, Docteur de Paris, & Gardien de S.Bonauenture.

Extrait

Extrait du Priuilege du Roy.

PAR grace & Priuilege du Roy, il est permis à Samuel Chappuzeau de faire imprimer, vendre & debiter, en telle forme & caractere que bon luy semblera, & durant l'espace de cinq ans, vn liure composé par luy, & intitulé, *Lyon dans son lustre*; auec defences à toutes personnes de quelque qualité & condition qu'elles soient, d'imprimer, ou faire imprimer, vendre ny distribuer ledit liure, ou le contrefaire sous d'autres titres, non plus que ses images & figures, pendant ledit terme de cinq ans; ainsi qu'il est plus amplement porté par ledit Priuilege. Donné à Paris le 10. iour de Decembre 1655.

Par le Roy en son Conseil.

IVSTEL.

In

In Politissimam Lugdunæidem Eruditissimi Viri, D. CHAPVZÆI.

LVGDVNI *miranda stylo tam diuite pangis,*
Tantæ vt materiæ par videatur opus.
Vix minor ergo tuis debetur gloria chartis,
Quàm qualem augustum hoc possidet Emporium.

CAR. SPONIVS, Doct. Med. Collegio Lugdun. aggregatus.

ALIVD.

Non magis Vrbs iactat sua quæ miracula pandis,
Quàm quòd Te proprio continet ipsa sinu.
Hac verè celebranda fuit, me iudice, laude:
Ipse licèt taceas, sat tua Scripta probant.

CLAVD. STOVPPE, Doct. Med. eid. Colleg. aggregatus.

LYON

DISCOVRS PRONONCÉ AV CONSVLAT Dans l'Hostel de Ville de Lyon, le Ieudy 27. Ianuier 1656.

PAR LE SIEVR CHAPPVZEAV.

MESSIEVRS,

Ne treuuez point étrange si vous me voyez surpris. I'ay crû veritablement qu'aprés auoir parlé dans les plus Augustes assemblées de l'Europe, ie pourrois encore me preualoir de quelque hardiesse à parêtre deuant Vous : Mais i'auouë que ce lieu a pour moy vn éclat extraordinaire qui m'éblouit, & la maiesté des personnes qui le remplissent me iette d'abord dans vn respect si profond, que i'en pers le souuenir de ce que i'ay dû étudier pour meriter en quelque sorte l'honneur que vous me faites de m'écouter. Ie m'abandonne donc au diuin Genie qui preside dans ce magnifique Hôtel, au defaut du mien qui luy cede & qui se retire ; & il ne me sera point auare

auare de riches pensées, puisqu'il se montre prodigue à tout Lyon, à tout le Royaume, à toute la Terre de mille felicitez qu'il leur depart soûs vôtre sage conduite. Ie sens déja qu'il me dicte, que ce Consulat Illustre est la viuante image de ce superbe Consulat Romain de qui tout l'Vniuers receuoit les loix; que celuy-cy de méme donne les siennes aux Prouinces les plus reculées, qu'il s'en fait seruir en maître, & qu'on ameine tous les iours à ses yeux comme en triomphe les plus belles depoüilles de l'Orient. Mais encore c'est auec plus de facilité & plus d'auantage qu'il sçait s'aquerir cette haute gloire; Lyon peut plus d'vn mot que Rome autrefois auec cent Edits; & si l'epée de ses Generaux luy assuietissoit plusieurs peuples, la plume de vos fameux Negotians semble tenir les deux Elemens en bride, & les rendre tributaires de vôtre riche Cité. Mais quoy, me dit il, (c'est toûiours vôtre Genie qui parle) la Barbarie n'est plus en regne; ces vainqueurs superbes se rendoient souuent insolens dans leurs progrez, & ne s'aqueroient que la moindre partie des hommes, puis qu'ils negligeoient de captiuer leurs esprits. Au contraire, MESSIEVRS, vous ne faites point de conquêtes qui ne soient vtiles à ceux là mémes sur qui vous les remportez; les peuples les plus eloignez & qui reconnoissent l'Empire vniuersel du commerce Lyonnois, n'ont point à se plaindre du traittement qu'ils reçoiuent, vous vous employez plûtost à conseruer leurs fortunes, vous n'êtes pas seulement auiourdhuy les Peres de la Patrie, vous êtes les Peres & les delices de tout le Genre humain dont vous protegez les droits; & c'est desormais à vous à en répondre puisque vous en auez entrepris la conseruation. Ne dois-ie point icy ácuser de temerité & d'impertinence les mauuais Astrologues de nos iours, qui par leurs supputations imaginaires & leurs réueries persuadoient aux simples ce qui n'est pas reuelé aux plus entendus; qui vouloient que l'année où nous entrons fist la clôture des siecles, & que l'Eclypse

qui

qui se fut remarquée à peine il y a deux ans si l'on eut fait moins de bruit des faux prodiges qui la deuoient suiure, fût vn prognostique infaillible de la ruine prochaine de l'Vniuers.

Audax Iapeti Genus
Ignem fraude malâ gentibus intulit.

Ie croy que ce trait d'Horace ne conuient pas mal à ces abuseurs.

Tu ne quæsieris scire nefas,

dit ce méme Poëte dans vn autre de ses Odes. Ce sont des secrets cachez, des ressorts inconnus de cette sagesse eternelle, qui nous ferme la bouche, & nous aprend qu'il n'est pas de nostre portée de connoître les temps & les saisons. Nous n'auons point été du conseil de Dieu lors qu'il a mis le monde sur pié, nous n'y entrerons point lors qu'il le voudra detruire. S'il m'est pourtant permis de tirer vn bon augure de l'heureux rencontre de vos Illustres Personnes à la conduite des affaires du Public, cette année, MESSIEVRS, sera particulierement aux Lyonnois vne année de prosperitez; ou s'il faut que ie condescende en quelque sorte à ces faux Intendans des Orbes celestes, suiuant le principe le plus fameux des Philosophes, que *Desitio vnius, alterius est inceptio*, & le langage ancien de la fable qui nous a reduits depuis plusieurs siecles sous l'âge de fer ; ie diray que cet âge de fer, de diuisions & de troubles qui remplissoient la France, s'est éuanoui depuis l'heureuse maiorité de nôtre grand Roy ; que ces temps de cherté qui portoient les peuples de Lyon à quelque murmure, se sont adoucis depuis, MONSIEVR, que l'administration des affaires publiques est entre vos mains, dans laquelle vous étes continué pour les rares seruices que vous auez rendus de prés & de loin à la seconde Ville du Royaume ; & il me semble de voir en vôtre personne ces braues Consuls de Rome, qui pour les mémes bienfaits enuers leurs Concitoyens remportoient le glorieux titre de Dictateurs.

Ie

Ie le dis hardiment, & le dis, MONSIEVR, auec vn fondement tres solide ; si vous ne vous voyez pas toûiours dans la méme place, vous vous verrez du moins dans les esprits & dans les affections des Lyonnois *DICTATOR PERPETVVS.* C'est par vos mémes soins, MESSIEVRS, que nous auons coulé la derniere année auec beaucoup de tranquilité ; & ce sera enfin celle où nous entrons qui nous róuurira le siecle d'or, qui nous fera voir suiuant le style sacré *καινοὺς οὐρανοὺς, καὶ γῆν καινὴν, cœlos nouos, & terram nouam*, qui remettra toutes choses dans leur premier lustre, & qui pour les felicitez nouuelles qu'elle doit produire par vos mains semblera trop courte aux Lyonnois, qui souhaitteroient que chacun de ses mois doublast tous ses iours, comme celuy qui suit selon la note Romaine double l'vn des siens. Ce sont là, MESSIEVRS, les sentimens des peuples que i'ay recueillis, ce sont les miens propres, & il me ressouuient à present que i'auois à peu prés medité le méme discours que ie viens de faire. C'en est assez; il ne faut pas que ie vous derobe vn temps que vous pouuez employer plus vtilement qu'à prêter l'oreille à vn tres pauure Orateur; & ie vous suplie treshumblement, MESSIEVRS, pour conclusion, d'accepter le liure que ie prens la liberté de vous offrir.

AVTRE DISCOVRS PRONONCE' AV BVREAV de l'Aumône Generale, dans l'Hoſpital de Noſtre Dame de la Charité, le Dimanche 30. Ianu. 1656.

PAR LE MESME.

MESSIEVRS,

Ie n'ay pû depeindre la ſuperbe Ville de Lyon, ſans donner dans mon tableau vne belle place à la Maiſon celebre dont vous auez la conduite. Autant que le nom de Charité eſt venerable aux Chrêtiens, autant ce lieu magnifique où vous l'exercez ſi parfaitement s'eſt-il áquis dans l'Vniuers de bruit & de gloire. Les peuples les plus reculez pour n'en auoir poſſible receu qu'vne feble idée, ne ſe laſſent point d'admirer ſon ordre excellent, & ſes profuſions étonnantes; ils ne peuuent croire auec moy que ce ſoit la Terre ſeule qui y fourniſſe: apres auoir epuiſé vos bourſes vous tirez ſans doute des treſors du Ciel, & vous faites enfin que Lyon ne ſe rend pas mieux connu par ſon commerce, que par ſon Aumône generale, dont vous êtes les dignes & infatigables Adminiſtrateurs. La Charité, MESSIEVRS, eſt la premiere vertu du Chriſtianiſme, la plus heroïque, & celle qui reçoit le plus d'eloges des Autheurs ſacrez. C'eſt elle qui maintenant vous ócupe tout

 entiers,

entiers, qui vous derobbe à vos familles, à vos affaires propres, à vous mémes ; & les peintres ingenieux qui se sont plûs souuent à nous representer la Force soûs le port d'vne femme le casque en teste & la pique en main; la Iustice auec son bandeau & sa balance, pour nous depeindre de méme au naif la Charité ne pourroient prendre auiourd'huy des exemplaires plus fideles que vos illustres personnes; ce seroit à qui reussiroit le mieux des seize pinceaux ; & ie dis vray, MESSIEVRS, puisque dans vos demarches, dans vos actions, dans tous vos discours, vous ne respirez que charité, vos yeux & vos bouches en iettent des flames, vos mains en produisent de trop visibles effets. Aussy l'auez vous prise pour les armes de vôtre illustre Maison, armes les plus nobles de toutes, vûque que ce sont celles la mémes du Toutpuissant, qui se treuuent grauées sur chacune de ses œuures, par lesquelles il entend d'estre reconnu ; qui porte pour blazon dans vn riche azur, dans vn Ciel dont il fait son thrône, la Charité, la Compassion, la Misericorde : *Miserationes eius super omnia opera eius*, c'est la preuue de ma pensée, que ie tire des diuins Cantiques dont nos voûtes sacrées resonnent incessanment. Cette gloire, MESSIEVRS, sur qui possible vous ne faisiez pas toute la reflexion qu'elle merite, est bien dûë aux soins extraordinaires que vous prenez des membres de Christ ; vos seruices insignes n'exigeoient pas vne marque d'honneur moins âuantageuse ; aussy ne peut elle être plus belle ; Si la ville de Lyon porte les armes de France, la Maison de la Charité porte les armes de Dieu. C'est là comme vn auant-goût des felicitez qui vous attendent au Ciel : mais soûfrez que ie dise encore vn mot de celles qu'il répand par vôtre administration sur la Terre. Le Public ne peut assez vous témoigner comme il s'en ressent ; si la Ville est auiourd'huy dans son plus beau lustre, vous trauaillez des mieux à l'y maintenir, vous faites parêtre vn zele des plus ardens à cette chere Patrie, vous vous iettez pour elle comme à clos yeux & à corps perdu dans mille perils que vous peuuent attirer des courses sans fin & de longues veilles ; Que l'Histoire

ne

ne face plus tant de bruit de ce braue Citoyen qui se precipita pour le salut de Rome dans vn gouffre qui s'étoit ouuert au milieu de son enceinte, & dont les puantes exhalaisons infectoient tout l'air. Vous faites plus, MESSIEVRS, vous l'encherissez sur ce Romain que l'Antiquité met au nombre des premiers Heros, vous n'atendez pas que le danger arriue, vous preuenez les maux, & renfermans dans cette maison les personnes que la negligence beaucoup plus que la pauureté rend ordes & sales, les entretenans dans le trauail & dans la propreté méme, ayans soin de purger les ruës de ces faineans & & ces inconnus qui n'aportent rien de bon, vous rendez Lyon par ce moyen la plus celebre ville du monde. Mais auec quelle emulation chacun de vous se porte-t'il à sa charge? *Charitas æmula non est*, me direz vous? Quoy donc, ne se treuue-t'il point d'emulation dans le Ciel? & n'est-ce pas de ces bien-heureux esprits à qui entonnera le plus fort ce beau Cantique qu'ils reprennent sans cesse pour magnifier la sainteté de leur Createur? Vôtre emulation, MESSIEVRS, est vne emulation tres digne, admirable aux hommes, agreable à Dieu; aussy la charité ne se relâche iamais, *nunquam excidit*; & encore que vous veniez auec le temps à abandonner vos charges, vous n'abandonnez point la haute vertu que vous y auez sçû pratiquer. Le liure qu'apres Messieurs du Consulat i'ay crû vous deuoir offrir, vous dira le reste; & si ie n'y ay pas parlé assez dignement & assez au long de la Charité, si vous y découurez des defauts, vôtre méme charité les doit recouurir, c'est l'vne de ses plus essentielles proprietez, & celle la, MESSIEVRS, peut bien me pardonner quelques manquemens, *quæ operit multitudinem peccatorum*.

I'ay donné la publication de ces deux discours, qui n'ont pas assez d'étendue pour meriter le nom de harangues, aux souhaits de plusieurs personnes qui ont droit de me commander.

LYON DANS SON LVSTRE.

PREMIERE PARTIE.

LA ſocieté ſemble être recherchée naturellement de chacun, & ie ne croiray point pecher contre les regles de la definition la plus rigoureuſe, ſi ie donne à l'homme pour derniere difference le titre de ſociable. L'amour de la ſolitude n'eſt iamais monté que dans des eſprits detachez dés le berceau des affections de la terre, & impatiens de ſe voir au ciel; ou le plus ſouuent dans des eſprits bigearres, qui n'ont point de ſympatie pour leurs ſemblables, & comme indignes de leur compagnie courent apres celle des Ours & des Leopards. Le ſecond des humains ne

 pût

púr aiſement digerer le ſúplice où il ſe vid condamné pour auoir donné pié par ſon audace à tous les homicides qui l'ont ſuiuy ; il ſe laſſa enfin de mener vne vie errante & inſtable, éloignée de toute vnion & de tout commerce ; & ſi toſt que ſa poſterité ſe fut étendue, il ſe renferma auec elle entre des remparts, & bâtit vne ville qui porta le nom de l'vn de ſes fils. Ce fut ſur ce premier modele que chaque Nation s'éleua depuis des tours & des baſtions ; ce fut ſur ſes ruines, reſtes pitoyables du débordement vniuerſel, & ſur deux colonnes erigées principalement à la conſeruation des arts de l'Architecture & de la Sphere, que Ninus tira le plan de ſa ſuperbe cité ſur les bords du Tygre, & que Semiramis ſur ceux de l'Euphrate prit le deſſein de ces murs fameux qui ont paſſé pour vn prodige dans tous les ſiecles. La terre qui de ſoy ne peut offrir pour abry contre les iniures de l'air, que des antres & le concaue de quelques rochers (demeure incommode & mal-ſaine pour vn animal delicat, & en partie d'vne origine celeſte) ſe laiſſa foüiller iuſqu'aux entrailles, & fournit de matiere aux edifices dont elle ſe vid couuerte en peu de temps. Cette passion si noble & si naturelle de se vaincre l'vn l'autre de bienfaits, de se proteger l'vn l'autre, de se connoître & de s'entr'aimer, obligea les hommes à se ranger dans vne même enceinte, & soûs de semblables loix. Ce fut là qu'ils treuuerent le súport & la satisfaction qu'en vain ils cherchoient dans l'épaisseur des forets ou dans la nudité des campagnes; ce fut là qu'ils goûterent plus solidement tous les plaisirs dont cette vie est capable; ce fut en vn mot dans les villes qu'allerent faire incontinent leur seiour les belles lettres & la politesse, & que se vinrent rendre comme en des lieux de franchise toutes les richesses de l'vn & l'autre Element.

La Grece l'encherit bien tost aprés par dessus l'Asie, & dans vne seule Isle qu'elle enuisage au Midy il se contoit iusqu'a cent citez; son Continent se glorifioit d'vn nombre beaucoup plus grand, & l'Egypte n'auoit pas assez des siennes pour morguer seulement vne Athene, vne Sparte, & cette autre qui donnoit le nom à l'Isthme celebre qui fait la liaison du Peloponnese & de l'Achaïe. Leurs habitans se rendirent maîtres des armes & des sciences, & comme il ne se parloit entre eux que de Capitaines, & de Philosophes, il leur falut tenir école publique pour tout l'Vniuers qui y abordoit. La Thrace voisine des Grecs en tirant au Nord se fit renommer de même par son Bizance, qui sert iusqu'icy soûs vn autre nom, de bouleuart à l'Europe ; que l'Asie qui n'en est separée que par vn détroit des plus reserrez ne peut regarder sans effroy ; que toutes les mers du Leuant comme à leur centre, & comme au lieu de leur rendez-vous viennent caresser, & qui joüit enfin de l'assiette la plus áuantageuse du monde. Albe bâtie du debris de Troye donna ensuite la naissance à Rome, qui emporta bien-tost le nom de Ville par excellence, & qui deuint le siege d'vn puissant Empire, qui dure encore à present chez les Allemans.

De l'Italie, glorieuse de porter cette maîtresse cité, ie passe à nos Gaules qui luy cederoient en cela comme tout le reste des Prouinces, si elles ne se sentoient aussi superbes d'vn Paris aujourd'huy l'étonnement de l'Vniuers, & d'vn Lyon que le même Vniuers considere aujourd'huy comme vne merueille. Ie laisse le premier à qui ie dois le iour & l'education, pour n'embras n'embraſſer maintenant que les eloges de l'autre, à qui ie dois mon áuancement & mon entretien ; ie les reuere tous deux egalement, & nous ne ſommes pas moins obligez à qui nous conſerue la vie, qu'a qui nous la donne. Ie diray dauantage :

Illa mihi Patria eſt vbi paſcor, non vbi naſcor ;
Illa vbi ſum notus, non vbi natus eram.
Illa mihi Patria eſt, mihi quæ patrimonia præbet:
Hîc, vbicunque habeo quod ſatis eſt, habito.

C'eſt donc à la gloire de Lyon, ma ſeconde & plus veritable Patrie, que ie vais entamer le preſent diſcours; & la premiere n'en doit point être ialouſe, ny m'acuſer de méconnoiſſance, vû que ſi i'ay le bonheur de remporter quelque loüange de cette legere production, elle y aura la meilleure part, comme m'ayant ápris à parler, & à parler poſſible auec vne facilité particuliere qu'elle communique à tous ſes enfans. Ie veux bien en paſſant pour la louër me louër moy-même, ſans pouuoir toutefois en tirer d'autre vanité que d'auoir retenu le langage de ma nourrice. Mais i'ay toûjours manqué des moyens de le polir, & de le porter à la delicateſſe de ceux qui font profeſſion de bien dire.

Deßein de l'ouurage.

dire. I'ay passé le plus beau de mon áage loing de la Cour & des bons esprits, soûs vn climat étranger, & assez froid pour éteindre quelque petit feu que i'aurois pû âporter de ma naissance; (ie cesse de me louër) & depuis quatre ans que ie me puis dire Lyonnois, i'ay de la peine à me croire en France, vû qu'il me faut conuerser iour & nuict en toute autre langue qu'en François. Mais quel que ie sois & quoy que ie puisse, plein d'affection & de zele pour vn lieu qui me soúfre & qui me nourrit, & de crainte de passer pour vne bouche inutile parmy tant de milliers qui s'ocúpent loüablement dans son enceinte, ie ne me puis defendre de publier son merite, & aprés vous auoir conduits insensiblement du quartier le premier habité de l'Asie & de tout le Monde, par l'Egypte, la Grece & l'Italie iusqu'à nos prouinces, ie veux vous faire voir (ô chers Lyonnois) que vous remplissez aujourd'huy l'vne des plus grandes, des plus belles, des plus puissantes, des mieux policées, des plus Religieuses, & en vn mot des plus celebres villes de l'Vniuers.

GRANDEVR DE LYON.

Ie commence par sa Grandeur, qualité qui porte le plus loing le bruit d'vne ville. Ainsi le le Caire en Egypte connu dans l'hiſtoire pour l'ancienne Memphis, obtient aujourd'huy le ſurnom de Grand. Le Quinſay des Chinois n'eſt pas vaſte ſeulement, mais d'vne amplitude que ie me perſuaderois auec peine, ſi elle ne ſe treuuoit appuyée ſur de bons autheurs, & poſſible eſt elle conſtruite ſur le pié de Niniue appellée la Grande par les ſainctes Lettres, & qui auoit trois iournées de longueur ſelon l'intelligence de quelques-vns. La Capitale de l'Empire Othoman comme celle de l'Empire Eccleſiaſtique; Ces deux villes qui treuuent de l'aſſurance & de la fermeté ſur les flots, Amſterdam & Veniſe, prodiges des deux mers qui leur obeïſſent; Cette autre qu'arrouſe la Tameiſe, & mieux que toutes celle où nos Roys tiennent ordinairement leur Cour, meritent plûtoſt le nom de Mondes que le nom de Villes. A conſiderer le circuit de Lyon qui embraſſe deux longues montagnes, qui reçoit deux larges fleuues, entre leſquels ſe forme vne vaſte peninſule; A faire attentiuement le chemin depuis la Claire iuſques à la Quarantaine, ou depuis le Chaſteau de la Motte iuſqu'aux dernieres maiſons de ſainct Irenée, ie ne

luy

luy fais que iustice de le placer des premiers au catalogue de ces petits mondes ou de ces grandes citez; & quelques vuides qui paroissent sur ses côteaux, ne peuuent rien en cecy diminuer de sa gloire, à moins que de rábaisser en même temps celle d'vn Constantinople, où les iardins d'vn seul Serail ócupent tout vn quartier; ou celle d'vn Caire, qui n'est pas remply à proportion de son étendue. Encore qu'a bien enuisager de Belle-cour les panchans agreables & de Fouruiere & de la Croix-rousse, ils laissent à la vûe peu de places qui ne soient bâties, & la pieté des Lyonnois s'y fait remarquer par vn grand nombre de Religieux edifices, ayans voulu áprocher du Ciel ceux qui menent vne vie presque celeste, & qui ont rompu tout commerce auec les mortels.

Enceinte. Pour mieux iuger de son enceinte sans comprendre les fauxbourgs, i'ay pris plaisir à en faire l'epreuue moy-même, & du temps que les Notables se tenoient aux portes pour en defendre l'entrée aux personnes suspectes de sortir de lieux infectez, ie me seruis de l'ócasion pour considerer à la fois le bel ordre que les Magistrats áportent dans ces rencontres à la conser conseruation du public. Ie quittay vn matin à sept heures la porte S.George, pour gagner par dehors celles de S. Iust, de Veze, de la Croix-rousse & du Rhône, & marchant d'vn train raisonnable, ie ne pûs auant midy repasser l'eau au port S.Michel pour me rendre au lieu d'ou i'étois party. La Saone qui coupe la ville en deux laisse plus d'étendue d'vn côté que d'autre, & le quartier Oriental, autrement la peninsule, dont l'Abbaye d'Esnay fait la pointe, contient le double de rues, de maisons & d'habitans. En vn mot, si Lyon ne le veut pas disputer à vn Londres ou à vn Paris, ie maintiens qu'il l'emporte en grandeur sur les autres que i'ay nommées; & à prendre la hauteur de ses bâtimens qui sont la plusspart exaucez iusqu'à six étages, il y auroit trois Constantinoples ou trois Caires l'vn sur l'autre; le chaud dont ces villes sont brûlées les empêchant d'éleuer les leurs passé le second.

Lyon se montrant beau autant qu'il se montre grand, ie puis dire qu'vne grande beauté l'àcompagne, & qu'il est à la fois ce qu'vne Florence la belle, vne Naple la gentille, & vne Genne la superbe sont separement. Vn doux climat, vne assiete agreable, des places magnifi- BEAVTÉ.

ques,des Palais ſomptueux , des habitans leſtes ſont les nobles parties qui compoſent la beauté des villes. La nôtre les poſſede toutes auec áuantage ; elle joüit d'vn air des plus doux, & les deux côteaux qui luy ſeruent de mur naturel,s'écartent aſſez l'vn de l'autre pour donner paſſage aux benins zephirs qui partent du Leuant pour la careſſer. Le Nord qui pouſſe ſouuent ſa biſe auec trop de violence, n'a pas ſur elle vn empire libre,& la Croix-rouſſe offre vn bon écran contre ſes froideurs. Fouruiere s'oppoſe de même aux tourbillons du Couchant,& le Midy eſt d'intelligence auec le Soleil pour ne luy enuoyer iamais de nuages ſi épais que ce grand flambeau ne perce de ſes rayons, ou que ſa chaleur des plus temperées ne face diſſoudre en pluyes fécondes pour engraiſſer ſon riche terroir. Auſſi c'eſt rarement que vous y voyez des iours entierement ſombres, áuantage dont elle ſe peut vanter de même que Rhodes, & quelques broüillards qui s'éleuent par fois de deſſus ſes fleuues ou ne peuuent gagner le haut des montagnes, ou ne ſçauroient tenir bon iuſques à la nuict. Les terres voiſines étant toutes ménagées en de beaux iardins

Climat.

&

& en d'excellens vignobles, enuoyent à leurs maîtres l'odeur merueilleuſe de leurs fleurs & de leurs bourgeons, & la ville par le miniſtere des airs en reçoit au Printemps vn parfum que tout l'artifice humain ne peut egaler.

L'aſſiette de Lyon n eſt pas moins agreable que ſon climat eſt charmant. Il a deux côteaux d'où l'œil découure iuſques aux prouinces étrangeres, & qui ne ſe treuue borné que par les cimes orgueilleuſes des Alpes qui ſeparent le Dauphiné d'auec le Piémont. Les plaines qui s'étendent au delà du Rhône couuertes des meilleurs grains & enrichies de pluſieurs bocages, offrent à la vuë vn tres digne objet. La baſſe ville du pié de Fouruiere iuſques à la Saone n'a guere qu'vne ruë, qui pour ſon extréme longueur obtient diuers noms : mais le grand Triangle que font l'vn & l'autre fleuue, en contient vne infinité de belles, où quatre cochers peuuent marcher aiſément de front. C'eſt là que roulent ſans peine & chariots pour la facilité des voitures, & caroſſes pour la commodité des perſonnes que leur bien & leur condition ſemblent requerir. Ils peuuent gagner de même le haut des collines ſi l'on y at-

Aſſiette.

Haute ville.

Baſſe ville.

tele deux cheuaux de plus, & il ſe treuue ſur chacune vn chemin pratiqué dans le roc, dont la dureté n'a pu rebuter les ſoins que ceux qui ont eu la conduite des affaires ont áportez de tout temps à la ſatisfaction du public. La pluſpart des habitans ont ſur ces eminences ou ſur les prochaines des lieux de recreation, où les berceaux, les parterres, les caſcades, & tous les enjoliuemens neceſſaires leur fourniſſent dequoy ſe delaſſer des grandes ócupations où ils ſe nourriſſent. La Saone la plus paiſible & la plus tranquille des riuieres, riche emblême de la paix & de la tranquillité des murs qu'elle arrouſe ; & le Rhône qui ne ſe montre rapide que de l'empreſſement qu'il a de la receuoir en ſon liɛt, en meinent pluſieurs dans des petites gondoles aux portes de leurs maiſons, qui n'ont rien de ruſtique que quelques ouurages à la ruſtique même qui en releuent la face, & qui ne peuuent faire attendre qu'vn dedans magnifique & ſomptueux. Il ne faut pas que i'oublie les beaux Ponts par leſquels ſe communiquent les deux quartiers, ny celuy qui a pu domter la courſe impetueuſe d'vn fleuue qui fait quelquefois vn ócean des plaines voiſines, qui ne ſe

Maiſons de plaiſance.

treu

treuuent pas des digues assez hautes pour ópo-ser au torrent qui les vient couurir: mais sa cholere ne dure pas, & possible ne leur est elle point desáuantageuse, s'il laisse apres soy vn gras limon pour leur rendre le même office que l'Egypte reçoit tous les ans du Nil.

Que diray-ie des palais dont Lyon se void embelly de toutes parts? ie ne puis dans si peu d'espace en décrire icy la diuersité & la splendeur : mais ie ne serois pas excusable si ie ne donnois cet eloge particulier à la Maison de Messieurs de Ville : Qu'ils se sont bastis vn domicile digne d'eux, & que ce domicile est auiourd'huy l'vn des superbes edifices de l'Vniuers. A considerer d'abord cette grande & maiestueuse masse, l'on ne peut que s'étonner de la hardiesse de l'ouurier, qui a osé la porter à vn si haut faîte, & l'on diroit que la terre gemit soûs son poids. Le dedans ne dement point ce que semble promettre la magnificence de l'exterieur, & tout y parest dans vne symmetrie & vn áiustement qui effacent la gloire de l'ouurage d'Arthemise, à qui les sept merueilles que l'Antiquité nous rend si fameuses pouuoient toutes le ceder en riches étoffes & en

L'Hostel de Ville.

gentillesse, l'amour s'en étant treuué l'Ingenieur. Ces merueilles dont ie parle ne sont plus, & ceux qui de nos iours font des courses iusques au Leuant, ont de la peine à reconnoître vn Corinthe sur le plan que l'histoire nous en fait; ne voyent point dans l'Egypte des marques assez veritables de ses pyramides, & treuuent bien les bords de l'Euphrate, sans treuuer la place où cette Reine d'Assyrie éleua ses tours. Ie reuere les Anciens, & veux croire que tout ambitieux qu'ils fussent de vanter leur siecle, ils n'ont rien emprunté de la fable pour ábreuuer la posterité de leurs ouurages, & se rendre recommandables aux âges futurs : mais i'aurois beaucoup plus à áprehender que ceux qui doiuent suiure le nôtre, n'áioûtassent point de foy à cette merueille qu'il a produite, pouruû que nos Annales sçachent dignement la representer; sinon qu'elle est d'vne structure à vaincre le temps, & à conuaincre de la sorte l'incredulité des plus éloignez & de nos lieux & de nôtre siecle, qui pourront eux mêmes s'en instruire, & la venir voir encore dans deux mille ans au méme état qu'elle est auiourd'huy. Si cette legere idée que i'en donne peut plaire aux yeux de de ceux qui me lisent, ie veux bien me hazarder vn iour d'en faire le tableau entier, & d'y employer les plus riches couleurs que l'art nous fournit, afin que l'original ayt moins de sújet de se plaindre des defauts de sa copie. Possible que cette entreprise deuroit être l'ouurage d'vn pinceau plus delicat que le mien, & l'on me pourroit defendre d'y toucher, auec le même droit que ce Prince Macedonien ialoux de sa bonne mine, & de crainte que le sculpteur ou le peintre en áprochast mal, ne vouloit point être tiré que par vn seul Lysippe & vn seul Apelle. Mais aussi n'y aura-til que cette seule defence qui me puisse detourner du noble dessein dont ie me sens déjà chatouillé, & le zele que i'ay conçû pour cette aimable & charmante Ville, me donnera sans doute des forces que personne autrement n'átendoit de moy.

Lyon est de plus embelly de diuerses places, comme de S.Iean, du Change, des Carmes; celle des Terreaux, où est assise la Maison de Ville, celle des Cordeliers, celle de Confort ornée d'vn Obelisque des plus hardis, vouloient être nommées les premieres: mais la plus belle de toutes, & qui en porte iustement le nom, est *Places.*

Belle

Belle-cour. Belle-cour, ſpatieuſe pour y ranger pluſieurs regimens, & reuêtue d'vn gazon toûjours verd, & ſi vni, que l'on croid plûtoſt fouler aux piés ces tapis qu'a inuentez la molleſſe Turque. Ce ne ſont point des maiſons communes qui l'enuironnent, ce ſont des Palais. Trois beaux rangs d'arbres la prennent de bout en bout, & forment deux larges allées, dont l'adreſſe & la force du meilleur bras ne peut gagner la longueur en deux coups de mail. *Promenades.* C'eſt ſoûs ces ombrages agreables que ſe vient rendre par bandes toute la Nobleſſe & tout le peuple, c'eſt où ſe donnent par fois des ſerenades, où ſe tiennent des concerts, où ſe pratiquent toutes ſortes d'honnêtes galanteries, marques trop viſibles de la douce liberté Lyonnoiſe, & du repos où chacun vit par le bon ordre de nos ſurueillans. C'eſt là encore que mille beaux viſages, que mille ſoleils redonnent le iour au defaut de celuy qui éclaire l'Vniuers; *Habitans leſtes.* c'eſt là qu'il ſe void mille perſonnes leſtement vêtues, & ie puis dire, que ſi l'on prend icy loy de la Cour pour les modes, leurs directeurs ont des poſtillons aîlés pour les faire marcher auec vne diligence qui fait douter lequel de Paris ou de Lyon en eſt

l'inuen

l'inuenteur. Et ce n'eſt pas vne petite gloire à cette Ville, ny vne legere ſatisfaction aux Etrangers dont elle eſt remplie, de voir vne infinité d'habitans ſi bien couuerts, qui témoignent par cet éclat exterieur, que toutefois la modeſtie ácompagne, qu'ils ſont les nobles membres d'vne des premieres citez de l'Vniuers.

Eſnay. Les iardins & les remparts d'Eſnay offrent de même le long du Rhône de tres agreables promenades; celle de S. Clair reparée depuis *S. Clair.* peu, & plantée d'vne grande ſuite d'arbres n'eſt pas moins belle, & vis à vis ſe voyent les trauaux admirables qu'on a entrepris pour brider le fleuue, & l'aſſujetir à prendre vn cours plus commode & moins dangereux pour les bateaux.

PVISSANCE. De la Grandeur & de la Beauté de Lyon que i'ay groſſierement crayonnées, ie monte à ſa puiſſance, qui le rend celebre ſur toutes les villes, & la France n'eſt pas peu glorieuſe de ſe voir vne clef ſi forte contre les deſſeins de l'Etranger. Soit que ie contemple ſa ſituation, ſoit que ie jette les yeux ſur les peuples qu'il enferme, ſoit que i'examine ſes richeſſes, de tous les côtez ie suis surpris d'étonnement & d'admiration. Les deux côteaux qui l'embrassent ne se treuuent commandez d'aucune eminence, & sont embrassez eux mêmes par vn mur épaix, qui d'vn & d'autre part de la Saone se vient perdre dans vne roche que l'on ne peut regarder du pié sans terreur. La riuiere en cet endroit comme vers son embouchûre se ferme auec vne double chaîne sûportée par plusieurs bateaux, & qui interdit le passage à ceux qui voudroient entrer sans se faire voir. Les Portes de Veze & d'Alincourt qui se regardent de prés defendent la terre & l'eau, & ont chacune dequoy donner de l'effroy à qui contemple ce que l'art & la nature ont contribué pour les rendre fortes. La Croix-rousse qui pouuoit le plus redouter les courses de l'ennemy, luy fait redouter elle même ses áproches, & ce ne seroit pas sans impunité qu'il viendroit aujourd'huy s'y presenter. S. Clair est ácompagné de même de son bouleuart, & le Rhône qui bat au pié sert à cet angle iusqu'à la pointe d'Esnay, de fosse assez large & assez profond pour ne rien áprehender de son autre bord. L'Arsenal s'áuance sur la Saone assez proche de son embouchûre, comme

Côteaux de Fourniere & de la Croix-rousse. *Pierre-size.* *Bouleuart S. Jean.*

Les Chaînes.

Bouleuart S. Clair.

Arsenal.

me s'il estoit toûjours prest à celebrer par ses agreables tonnerres cette jonction fameuse de deux grands fleuues; & ses canons de leurs larges bouches semblent menacer de loin les Alpes où se porte leur bruit éclatant.

Mais ces forces que ie puis nommer des forces sans ame, n'ont rien de comparable à des forces animées, & cette Ville n'auoit non plus de besoin de murailles que l'ancienne Sparte, puis qu'elle a de même des hommes dont le moindre vaut vn bastion. Si sa grandeur est étonnante, le nombre de ses habitans l'est encore plus, & sa beauté qui en attire chaque iour de nouueaux, leur offre en entrant vne douce chaîne dont ils ne se peuuent iamais degager. Ce leur est assez d'en entendre parler pour en être épris, son portrait seul fait naître des passions violentes, & que n'arriue-t'il point lors qu'on a goûté de ses faueurs, lors qu'on en vient à la jouïssance, & que l'on se baigne chez elle dans l'aise & dans le repos? Ces áuantages qui se treuuent à s'áprocher d'elle, luy ameinent en foule des adorateurs, & elle a dequoy se vanter de ce costé sur ses compagnes, qui se voyent moins pressées pour n'auoir passans doute au-

Peuples.

tant d'ágrémens. C'est dire,ce me semble,que la ville de Lyon est l'vne des plus peuplées de l'Vniuers : mais peuplée de courages martiaux, qui sçauent aussi vaillammant se seruir des armes qu'ils sçauent les porter auec bonne grace, & le pays d'alentour autant qu'il produit d'hommes, produisant de même des Achilles & des Hectors,m'oblige à luy laisser en passant cet eloge dans vne langue qui ne doit iamais perir :

Gignit in arma viros Tellus,quibus omnis in armis
Vita placet,non vlla iuuat sine Marte,nec vllam
Esse putant vitam quæ non assueuerit armis.

Lyonnoises fecondes.

Le beau sexe ne contribue pas mal de ce costé à la gloire de la Patrie, & les Lyonnoises sont fecondes iusqu'à dedaigner tres souuent d'en faire pour vn à la fois. Si leur delicatesse les dispense des combats, elles en veulent donner plusieurs en leur place, & deux femmes l'vne au dessoûs,l'autre au dessus de l'ápartement que i'ócupe, se deliurerent au mois de Iuillet dernier chacune de deux gros enfans dans vn même iour. Il se void à Lyon beaucoup d'étrangers meslez parmy les vrays citoyens : mais à qui

qui leur vertu & vn ſejour raiſonnable peuuent bien toſt áquerir le tître de bourgeoiſie : & ie ne m'étonne point de cette affluence du dehors, & que tant de perſonnes de toutes profeſſions y abordent ; puis que l'on y vit dans vne tranquillité merueilleuſe, que toutes choſes y abondent, & que ce qui rejouit le cœur humain comme ce qui le ſuſtente le mieux, ie veux dire en termes que i'emprunte d'vn tres-ſainct Monarque, les bleds & les vins s'y treuuent & meilleurs & à meilleur prix qu'en ville du monde. Tout le reſte ſuit de même, & s'il faut faire vn feſtin, il n'eſt pas beſoin de depêcher des couriers au loin pour le rendre exquis. Quelque étude qu'ils y áportent, les peintres n'ont iamais ſçû nous repreſenter ſi bien leur corne d'abondance, comme fait icy vn ſeul de nos eſpaliers. Les places de ſainct Nizier & du Change ſont toûjours ornées de tres beaux fruicts ; encore eſt-il à croire, que ce ne ſont pas les plus beaux que nous y voyons, & que les bonnes tables nous les rauiſſent. Il faut que ie rameine encore la douceur de l'air, & les ſaiſons temperées qui tiennent icy le milieu entre les froideurs ex-

Abondance.

Saiſons temperées.

cessiues d'Allemagne, & les chaleurs étoufan-fantes du Languedoc. Autant que ces áuantages de la nature rendent le sejour de Lyon agreable & sain, autant le font ils rechercher de tous ceux qui aiment la vie, & ie remarque icy plus de barbes blanches qu'en lieu du monde ou i'aye porté mes pas. Enfin si vn grand embarras peut seruir d'eloge & de fondement à ce que ie veux persuader de la multitude de ses habitans, ie diray que dans les rues Merciere & de l'Hospital, dans celles de Flandre & de S.Iean, & sur tout aux áuenuës du Pont de Saone, l'on se pousse, l'on se heurte, l'on se porte, & qu'il semble toûjours que l'on marche à la queuë de quelque procession. Et cette belle confusion est possible la seule chose qui me fâche dans Lyon, entre mille qui m'y rauissent, & qui m'y retiennent. Comment donc ne seroit il point fort auec tant de testes qui le remplissent, & ne seray-ie pas crû si i'assure qu'au besoin il pourroit de chacune de ses portes faire sortir vne armée? qu'il les pourroit soudoyer? Ie viens à sa richesse que i'établis sur le noble & magnifique commerce qui se fait de cette ville par tout l'Vniuers.

Foule étrange.

Richesses.

Il fallut qu'Alexandre pour porter ſon nom aux bouts de l'Aſie, s'y portaſt luy même, & qu'il allaſt prendre de ſa propre main les threſors dont il la ſçut depouiller. Nos Lyonnois ont aujourd'huy plus de gloire & à moins de frais, ſans quitter leurs maiſons ils font voler leur nom iuſques à l'autre hemiſphere, chaque Prouince les vient reconnoître de ce qu'elle produit de plus precieux, & c'eſt à eux aprés à faire part à chacune de ce qui luy manque, comme aux arbitres ſouuerains des negoces des deux elemens. C'eſt ce qui a donné la ſource à cette Chambre celebre, dont le reſſort s'étẽd par toute la terre, que ſon pouuoir & ſes priuileges rendent Auguſte, & Meſſieurs de Ville qui en ont áquis la direction pour l'áuantage de leurs citoyens, ſemblent n'auoir pas tant entrepris leur conſeruation particuliere, que la conſeruation generale de tous les hommes, qui ne ſubſiſtent que par le trafic & le change des choſes que la Nature offre à leurs beſoins. Les Nations les plus reculées y ont leur recours, les Armeniens & les Parthes s'y viennent rendre, & nous pouuions dire contre le Poëte qui y treuuoit de l'impoſſibilité, lors que ces Tur-

Chambre de la Conſeruation.

bans

bans se promenoient il y a quelques années par la Ville,

Atque Ararim Parthus bibit.

Cette noble & haute Iurisdiction qui se tient dans vn quartier de leur superbe Palais, meriteroit que i'en fisse icy vn long détail : mais puis que ie dois être court, ie me contente de renfermer dans vn seul eloge, tout le merite & toute la gloire de chaque sújet.

Assiete auantageuse pour le commerce. Ie passe donc à l'assiete áuantageuse dont Lyon jouït pour son commerce, & pour viure d'intelligence auec les regions les plus êloignées. *Fleuues.* Le Rhône qui n'a presque qu'vn même berceau auec le Rhin, sort du pié du mont Godar chez les Suisses, trauerse les Cantons de Zurich & de Berne, entre dans le lac Leman le plus fameux de l'Europe, en sort à Geneue, & aprés s'être engoufré dans quelques rochers où il se perd, commence à se rendre nauigable à Sessel, limites du Bugey & de la Sauoye, d'où il se rend à Lyon pour y receuoir la Saone, qui descend des marches de Lorraine, & separant de son canal les deux Bourgongnes, la Bresse & le Beaujolois, donne ses eaux aux villes d'Aussone, de Verdun, de Châlons & de Mâcon, &

& vient couper la nôtre en deux, pour rendre de même que l'autre aux portes des habitans toutes les prouisions que le dehors leur fournit. Le Rhône enflé de cette noble alliance, que ie puis nommer vne aide semblable à luy, vû qu'il n'est rien de plus semblable à de l'eau que de l'eau même, en a alors assez pour ne point faire craindre le grauier aux plus grands bateaux, qui égalent en longueur des nauires de cinq cens; mais qui n'ont ny tant de ventre, ny vn si haut bord. Ce fleuue augmentant sa rapidité court en suite aux villes de Vienne, de Valence, d'Auignon, de Tarascon, de Beaucaire, & pendant cette longue traitte fait les bornes du Dauphiné & du Viuarets, du Languedoc & de la Prouence, entraisne l'Isere & la Durance qui sortent des Alpes, & se rend enfin aux murailles d'Arles où il forme deux bras, pour se jetter aprés par autant de bouches dans le plus grand Golphe de l'Ocean, ie veux dire dans la Mediterranée, qui n'a d'autre issue que son entrée même, le détroit fameux de Gadés ou de Gilbatar. C'est de la sorte que Lyon étend aisesement son commerce par toutes les mers & toutes les terres, & si pour gagner le couchant

D de

de la France, & l'Isle celebre qu'elle enuisage de ce côté, l'on treuue trop grand le tour de l'Espagne, la Loire que ie pourrois conter pour vn de nos fleuues, puis que son premier port n'est éloigné que de douze lieuës, coupe chemin, & communique aux plus belles Prouinces & aux plus belles villes du Royaume, toutes les richesses qu'enuoyent icy les Prouinces du Leuant.

Commerce par terre. Auec l'áuantage des riuieres, Lyon a de plus la commodité de ces animaux que ie puis appeller metifs, vû qu'ils sortent de deux especes si differentes, & qu'en eux la generosité se void confondue auec la bassesse. Mais sans foüiller plus auant dans leur origine, ie diray que s'ils n'ont pas tant de corps que le chameau, ils n'ont guere moins de force, & se laissent charger plus facilement. L'on fait du bruit de ces carauanes qui passent les deserts deux ou trois fois l'an pour gagner la Meque, & qui se treuuent composées d'vn grand nombre d'hommes & de chameaux qui font marcher le trafic de ces païs. Mais c'est vne chose prodigieuse de voir les carauanes continuelles de muletiers que l'Allemagne par la Croix-rousse, le Piémont, la Pro-

uence

uence & l'Italie par le pont du Rhône, l'Auuergne & le Languedoc par S. Iust font entrer à toute heure dans Lyon, & celles que Lyon fait sortir pour dispenser au reste de l'Vniuers, ce qu'il semble attendre de son œconomie & de son commerce. Ainsi ie puis conclure que c'est pour luy que toute la terre se met en besongne, que c'est pour luy que les Hollandois equipent leurs flottes, que Toulon & Marseille nettoyent leurs mers pour asseurer son trafic, & qu'en sa faueur chaque Prouince áplanit ses chemins, coupe ses montagnes, entretient ses ponts, & rend par tout les passages libres. Rome autrefois du nombril de l'Italie tenoit en bride l'Afrique & l'Asie, & portoit ses étendarts iusques à nos Gaules & en Angleterre; & Lyon sans Generaux & sans armes se fait seruir aujourd'huy de tout l'Vniuers.

Commerces les plus fameux.

Encore que son negoce soit vniuersel, le plus grand se fait de ces precieux excremens d'vn vil insecte, dont la riche depouïlle monte sur les Autels & sur la couche des Roys; & sans parler de Tours & de Milan, où il s'en employe beaucoup, les soyes ócupent icy cent mille personnes : mais les ócupent sans cesse, & à quelque

 heure

heure de la nuict que vous passiez dans les ruës peuplées de ces mêtiers, la grande & la petite nauette se font entendre auec vn bruit qui n'est ny trop incommode ny trop plaisant. Les Toilles qui touchent encore de plus prés & les Autels & les Roys font icy vne bonne partie du commerce ; & l'on ne sçauroit comprendre les richesses d'vne seule ruë, qui a peu de montre & peu de largeur : mais dont les maisons sont d'autant plus belles, & leurs maîtres d'autant plus puissans. Ie ne veux pas de crainte d'être importun, courir toutes les sortes de trafic qui rendent Lyon celebre : mais ie ne veux pas

L'Imprimerie. aussi passer soûs silence ce bel art dont le ciel a voulu reseruer l'inuention à nos derniers siecles, & il semble que la boussole ne fut treuuée presqu'au même temps, que pour porter ses fruits & sa gloire par toute la terre. Ce n'est point icy le lieu où i'en doiue faire les eloges ; suffit que chacun à present est abruué de son excellence, & qu'il se void assez que la facilité de donner au iour ses productions par le moyen de l'Imprimerie, fait prendre l'essor à mille beux esprits, qui negligeroient d'exercer leurs plumes s'ils ne treuuoient vn vol si aisé, & vn

chemin

chemin si ouuert à leur reputation & à leur gloire. Ie ne parle point de nos Prouinces qui produisent vne infinité de ces nobles écriuains, & qui ont dequoy les satisfaire dans plusieurs villes ; ie parle des Espagnes & de l'Italie qui n'en sont pas moins fertiles , mais qui pour manquer des moyens de publier leurs ouurages ont toutes recours à l'Imprimerie Lyonnoise , qui s'est rendue de la sorte par la belle edition de ses liures, la premiere (ie l'ose dire) de tout l'Vniuers. Paris imprime possible dauantage, mais parmy quelques œuures considerables il imprime beaucoup de papiers volans, dont le Theatre, les plaideurs & le Bureau des nouuelles luy fournissent les copies. Icy l'on ne met soûs la presse que de gros Volumes, de longue haleine, & qui traittent des sciences solides, où les Espagnols reussissent veritablement auec beaucoup d'heur. Les Prouinces de Mexique & du Perou qui releuent d'eux, les sçauantes Vniuersitez de Cusco & de Lima s'y viennent fournir de ce qui entretient leurs actes publics ; & en general tous les Estats sujets de leur Prince viuroient dans l'ignorance de plusieurs choses, si Lyon ne remplissoit leurs Biblio bliotheques, & ne leur faisoit des enuoys frequens. Nos Illustres Negotians y treuuent aussi leur conte, l'Espagne est pour eux vn terroir fertile, tout ce qu'ils y transportent y vient à merueilles, leurs Cardons y prirent d'abord, & y ont áquis des racines assez fortes pour ne les en pouuoir iamais arracher : le Temps & la Vertu leur ont fait toûjours recueillir double moisson des semences que la Fortune y auoit jettées ; & ils ont treuué par la Sphere le Nombre d'or & le mouuement perpetuel des especes dont ces Prouinces étrangeres sont prodigues pour les beaux liures qu'ils leur font tenir.

Marques de quelques fameux negotians.

Entrée de LOVYS XIII.

Ie croy auoir assez découuert les sources de la richesse & de la puissance des Lyonnois, de laquelle ils donnerent de bonnes marques dans la superbe entrée qu'ils firent au Roy LOVYS XIII. d'heureuse memoire, où Lyon se montra l'embleme viuant de cette Cité celeste, que tant d'esprits subtils ont tâché de nous representer par des portes dont les plus riches pierreries font la matiere, par des lambris de crystal, & par des fleuues de laict ; puis que les Arcs triomphaux, les Pyramides hardies, & en effet des fontaines de laict & de vin offroient

par

par toutes les ruës vn tableau magnifique des felicitez presentes & des felicitez à venir.

Vne Ville si puissante, si belle & si grande merite d'être bien administrée, ou plûtost à moins que d'être regie comme il faut, se verroit bien tost decheuë de sa puissance, de sa beauté & de sa grandeur. C'est en cecy principalement qu'elle est celebre, qu'elle est glorieuse; c'est sur ce sújet que i'aurois beaucoup à dire, & où ie crains de beaucoup manquer. Ie commence pourtant, & commence par la meilleure marque de son heureuse Administration, en la publiant la plus obeissante à son Roy de toutes les villes qui le reconnoissent. Cette obeissance est mêlée d'vne amour qui la rend plus ferme, & autant qu'vn Prince est aimable naturellement à ses sújets, autant Lyon a-t'il de respect & de tendresse pour le sien; mais vne tendresse qui surpasse toutes les affections communes, de même que son LOVYS DIEVDONNE' surpasse en vertu tous les Monarques de la Chrêtienté. Les Roys sont les images acheuées de la Diuinité que nous adorons; tous les hommes en portent bien veritablement quelques traits, mais il leur manque cette marque

ADMINISTRATION.

Lyonnois tres-obeissans au Roy.

Eloges des Roys.

que eſſentielle de ſouueraineté & d'independance, qui n'eſt dûë icy bas qu'à nos Dieux viſibles, & que nous ne pouuons choquer ſans nous rendre criminels enuers celuy qui la leur depart. Les ordres que nous en receuons n'ont point de beſoin d'être épluchez, nous leur deuons vne deference aueugle, & quelques plaintes que pouſſent des eſprits rebelles & difficiles, ils paſſent rarement les limites de leur pouuoir, tandis que nous ſortons tres ſouuent de celles qu'ils nous preſcriuent. Ie dis plus, tout ce qu'ils veulent leur eſt permis, puis qu'ils ne veulent rien que de raiſonnable, & qu'ils ſe treuuent conduits par vne ſageſſe dont tous les reſſorts ſont iuſtes combien qu'ils nous ſoient cachez. Les Miniſtres dont ils ſe ſeruent nous témoignent veritablement qu'ils ſont hommes, & que pour auoir la puiſſance en terre, ils n'ont pas la vertu d'vn Dieu, auquel il ne faut point de temps pour agir, qui découure tout, & pouruoit à tout dans le méme inſtant. C'eſt donc par leurs ſoins fideles qu'ils áprennent les beſoins de leurs peuples, c'eſt par leurs mains qu'ils y remedient, c'eſt par leur ſecours qu'ils defendent leurs frontieres, & qu'ils donnent le re-

Miniſtres d'Eſtat tres neceſſaires.

pos

pos à leurs Estats. En vain le murmure de quelques impatiens ose átaquer leur conduite, en vain ose-t'on porter sa censure criminelle sur leurs actions ; il me semble de voir encore ces geans d'orgueil, ces monstres d'insolence escheler le ciel, mais ácablez en même temps de son foudre; ou ces yeux mal-sains qui treuueroient volontiers à redire à l'astre du iour, parce qu'ils n'en peuuent súporter l'éclat.

Mais si de cette consideration generale de la dignité des Roys, ie m'arreste sur nôtre aimable LOVYS, que ses Prouinces adorent, que toute la Terre redoute & cherit; sur ce Soleil qui aprés auoir surmonté quelques nuages qu'il auoit treuuez à son leuer, paroist maintenant dans sa beauté & sa force, tout mon discours se perd, & mes pensées se nuisent elles mêmes par leur foule & par leur empressement. O quel bonheur pour moy d'étre né soûs le doux empire de ce Prince incomparable, qui doit faire ma fortune, puis qu'il doit disposer de la fortune de tout l'Vniuers! Son bel âge, & ses hautes inclinations vont ranger soûs ses loix & l'vn & l'autre hemisphere, & le bruit de ses vertus les sçaura porter aux lieux où ses armes n'auront

Eloges de LOVYS XIV.

pû atteindre. Ouy, Grand Monarque, Dieu vous a donné à la France aprés auoir soupiré plusieurs années pour vous, & ne voyant pas seulement ses souhaits àcomplis, mais de beaucoup surpassez dans vôtre beau regne, elle croit auec raison que le Ciel ne vous a departy de si grandes qualitez, que pour regir auec elle tous les Royaumes du monde.

De cette ecstase qui m'est pardonnable, puis qu'elle part d'vn profond respect & d'vne amour ardente que i'ay pour mon Roy, ie retourne à sa bonne ville de Lyon, où chacun l'adore & l'aime de même, où chacun demeuroit dans le respect tandis que d'autres s'étoient échapées, & où les Magistrats ont peu de peine à faire obseruer ses loix qui se treuuent douces, & qui rencontrent aussi des esprits dociles pour les embrasser. Sa Majeste témoigne de son côté comme il a soin de Lyon, & comme il le considere, luy donnant pour Gouuerneur vne Illustre teste, ou plûtost l'ayant receuë pour le sien méme, comme s'il étoit d'égale importance de gouuerner Lyon, & de gouuerner le Roy. La digne personne qu'il y tient pour son Lieutenant en la place du frere, dont il ne peut soufrir

Lyon aimé du Roy.

Gouuerneur & Lieutenant pour Sa Majesté.

d'être

d'être abandonné, marche d'vn grand pas à la pourpre, & a ſçû ioindre aux Grandeurs du ſiecle où ſa naiſſance & ſa vertu l'auoient éleué, la Primatie de l'Egliſe Gallicane, qui luy donne de ce côté le haut bout dedans l'Empire François. Il me ſouuient icy de ce Mercure ſurnommé Triſmegiſte, pour s'être vû à la fois grand Prêtre, grand Philoſophe, & grand Roy, & Lyon n'eſt-il pas heureux d'auoir en la perſonne de ſon Illuſtre CAMILLE vn riche composé de pieté, de ſageſſe & de grandeur, & de ſe voir conduit par vn veritable Mercure, qui ne quitte iamais ſon caducée, & qui l'entretient dans vne profonde paix?

C'eſt en cela qu'il eſt des mieux ſecondé de Meſſieurs de Ville, de ces Magiſtrats Illuſtres, qui tiennent apres luy les rênes de l'Empire Lyonnois, qui ápuyent tous ſes bons deſſeins, & qui ont toûjours les yeux ouuerts pour le bien des peuples qui leur ſont commis. Les belles regles qu'ils établiſſent paſſent ſoûs le nom commun de Police, qui range chacun à ſon deuoir, & la Cité que Platon s'étoit forgée, ne pouuoit en effet paſſer auprés de la Nôtre, que pour vne vaine idée, & vne legere peintu- *Conſulat.*

 re

re du bon ordre & des amitiez reciproques qui lient les cœurs de nos Lyonnois. Ie ne voy point dans l'hiſtoire que les villes de la Grece autrefois ſi bien gouuernées & ſi floriſſantes, euſſent des loix plus prudentes, ny des conducteurs mieux entendus. Ie ne voy point encore aujourd'huy de villes dont les peuples viuent dans vne meilleure intelligence, & où chacun ſe porte plus volontiers à l'obſeruation des reglemens ; & ie n'en ſçache point auſſi dont les ſurueillans s'áquitent mieux de leurs charges, & qui donnnent plus de temps & plus de ſoins aux affaires du public. Les Nôtres ſont plus paſſionnez pour leurs Citoyens, que ne furent iamais les Graques dans Rome, mais ils ſont encore beaucoup plus prudens, & de même que ces nuages qui nous defendent des ardeurs piquantes d'vn Soleil trop fort, ils ſe tiennent comme au milieu entre l'authorité Souueraine & la baſſeſſe des peuples, & ſçauent ſagement concilier ces deux extremes à la gloire du Prince & à la ſatisfaction des ſújets.

Preſidial. Le Preſidial dont cette ville ſe void honorée, le plus fameux du Royaume, & rempli de Grans hommes, contribue beaucoup à ſon repos;

repos ; chacun ſe loüe de la bonne & courte iuſtice qu'il rend, les parties n'y languiſſent point, & elles ſe treuuent plûtoſt expediées qu'elles n'auoient crû leur procez inſtruit. Ces Robbes Illuſtres compoſent la plus part la Cour Souueraine qu'entretient dans Lyon la Principauté de Dombes, & ce venerable Parlement, dont ie ne fais icy mention que comme d'vn Corps étranger, ſemble toutefois luy áporter vn éclat nouueau, & le rendre plus conſiderable.

Poſſible que ie bleſſerois la modeſtie des vns & des autres, qui ſe contentent de meriter des loüanges ſans les vouloir écouter, ſi ie produiſois icy en leur faueur tout ce que mon zele & ma connoiſſance me ſuggerent : mais il faut pourtant que Meſſieurs du Conſulat ayent encore part à celles que ie dois donner aux dignes Recteurs de la Charité & de l'Hoſtel-Dieu, puis que leur pieuſe œconomie fait partie de l'adminiſtration generale, & que la Ville a la direction en chef de tout ce qui regarde le ſalut commun. L'origine de ces deux celebres Hôpitaux, ou plûtoſt de ces deux Maiſons Royales (puis que leur beau- *Hôpitaux.*

té, leur richesse & leur bon ordre meritent ce nom) se void dans les histoires qui en sont dressées, comme les charges de tous ceux qui les conduisent, & le nombre prodigieux des bouches qu'elles entretiennent dedans & dehors. Ma deuxiéme Partie en doit faire aussi quelque mention, & ie croy être quitte icy de dire à la gloire de ces tres dignes Recteurs, qu'ils trauaillent des mieux à conseruer Lyon dans son lustre, puis que par leurs soins & leurs aumônes continuelles ils en bannissent la soúfrance, & la pauureté. Ils purgent les ruës de ces mendians que fait la paresse; s'il en vient de dehors, ils ont des estafiers pour les receuoir & pour les conduire : mais apres les auoir regalez dans des maisons qu'ils tiennent pour ce sújet aux fauxbourgs. Vn Prince autrefois donnoit ordre qu'on éloignât de la vûë de son fils tous les objets qui eussent pû luy faire naître de l'horreur & de la pitié, toutes personnes difformes de corps, ou que la disette & la maladie auoient affligées. Et quand nôtre Grand Lovys viendra honorer Lyon de sa presence, & qu'il ne verra aucun de ses objets degoûtans, n'aura-t'il pas tout sújet de croire que c'est icy le siege de l'opu l'opulence, ou plútost le siege de la Charité? C'est à qui mieux de ces deux Maisons gouuernera ses pauures & ses malades, c'est vne sainte emulation qui les pique, les interests du monde ne les poussent point, ils y mettent du leur : mais à mesure qu'ils sement en terre, ils sont assurez du centuple au ciel. O rares instrumens d'vne prouidence encore plus rare, que vous faites vn bel áprentissage en ces lieux, & combien le souuenir des miseres humaines que vous auez continuellement deuant vous, doit il vous instruire quand vous venez en suite à prendre la charge de tout vn peuple!

Il ne faut pas que i'oublie Messieurs les Commissaires de la santé, qui treuuent assez dequoy s'ócuper, lors que le ciel coutroucé lance contre les hommes ces traits inuisibles qui desertent les villes, & qui depeuplent les champs. C'est à eux à disposer aux portes des Bourgeois notables quand il court au dehors vn bruit de contagion, & à prendre le soin quand elle se fourre chez les habitans, de luy couper chemin, & de faire vuider les malades auec toute la diligence possible. Mais cette verge terrible de l'ire de Dieu ne s'est point fait sentir par sa grace depuis

puis plusieurs ans,& la belle maison de la Quarantaine qui seruoit autrefois à rassurer des santez douteuses, sert aujourd'huy à en continuer de plus agreables, lors que les douces saisons inuitent à s'y aller diuertir.

Colleges. Nôtre Ville qui sçait si bien nourrir les necessiteux, n'ambitionne pas moins de se montrer la nourrice des Sciences, & elle entretient deux Colleges, où les RR. PP. de la Societé qui se rendent par tout les Coryphées & les maîtres des belles lettres,les enseignent auec vn progrez & vne gloire qui suiuent necessairement les soins infatigables qu'ils prennent pour la ieunesse que l'on leur commet. Comme leur Compagnie est feconde en beaux esprits, ils partagent prudemment leurs études,& l'vn est pour les Sciences diuines, l'autre pour les humaines; celuy-cy pour les langues sainctes,celuy-là pour les vulgaires,de façon qu'entre eux ils sçauent tout, & enseignent tout, & ie ne craindray point de dire qu'ils font vn membre des plus vtiles de la Republique.

Corps des Medecins. Messieurs les Medecins composent de leur côté vn tres noble Corps, & se treuuent en nombre autant que les Geographes content de

climats

climats. Nombre qui n'eſt point aſſurement ſans myſtere, & qui ſemble me ſignifier que ces diuins hommes ont la connoiſſance de tout ce que la terre produit ſoûs chaque climat, des vertus des mineraux & de chaque plante? ou que dans ce corps honorable ſe treuue renfermée la ſcience de tous les Medecins de l'Vniuers. Ie les appelle diuins, vû que ſi c'eſt le propre d'vn Dieu de donner la vie, c'eſt quelque choſe d'áprochant de la ſçauoir conſeruer, & de la retenir, lors qu'elle eſt ſur le point de prendre la fuite.

Enfin Lyon ne veut pas qu'il luy manque rien de ce que la nobleſſe du pays & la nobleſſe étrangere ſemblent rechercher, & il ſe treuue au quartier de Belle-cour vne Academie, que la beauté de ſon manege & les écoliers qui la rempliſſent, rendent vn des ornemens de nôtre Cité. Son Ecuyer eſt des mieux montez, & a fait dreſſer des écuries pour cinquante cheuaux, qui meritent bien la peine de les aller voir. C'eſt là que ſe font ſouuent des courſes de bague, & que ſe propoſent des prix par des mains trop belles pour ne pas reueiller l'ádreſſe & le courage de l'illuſtre ieuneſſe qui y pretend. *Academie Royale.*

tend. C'est là qu'auec celuy du cheual s'aprennent tous les nobles exercices que doiuent sçauoir les personnes de naissance, & l'on peut en vn mot nommer cette Academie l'échole de la gentillesse & de la vertu.

Spectacles publics. Les ieux publics & les diuertissemens honnêtes ne doiuent ils pas encore entrer dans vne belle administration, & n'est-il pas à propos que les peuples se relâchent par fois du trauail qui les attache ? Nous n'auons point icy comme parmy les anciens des combats sanglans, nous n'auons point de ces Athletes qui perdoient souuent l'haleine & la vie,& n'exposons point celle des hommes contre les fureurs d'vn taureau brutal. Ces spectacles tiennent de la barbarie,& les Romains auec toute leur vertu manquoient de cette douceur & de cette politesse que nous donne vn siecle plus rassis. Les ieux de l'Arc & de l'Arbaleste sur terre, ceux de l'Anguille, & de la Ioûte sur l'eau; l'Adieu du Carnaual qui se fait en Belle-cour aux depens seulement d'vn agneau que l'on sacrifie à la rejoüissance publique, tiennent lieu aujourd'huy de toutes ces festes antiques, dont la castrophe auoit toûjours quelque chose de cruel.

Le

Le noble amuſement des honnêtes gens, la digne debauche du beau monde & des bons eſprits, la Comedie pour n'être pas fixe comme à Paris, ne laiſſe pas de ſe joüer icy à toutes les ſaiſons qui la demandent, & par vne troupe ordinairement qui toute ambulatoire qu'elle eſt, vaut bien celle de l'Hôtel qui demeure en place.

Mais ſeroit-il poſſible qu'auec tant de peuples, parmy tant d'étrangers, au milieu de tant d'affaires, il ne ſe rencontraſt point quelques turbulents, quelque ieuneſſe ardente qui troublât la nuict le repos des habitans? Nos Magiſtrats coupent aiſement chemin à ce deſordre; ces inſolens, s'il s'en treuue, ont toûjours le Guet qui les talonne; & ſi ſon Lieutenant ne dort le iour, l'on peut dire qu'il ne dort iamais. L'on pouruoit de même aux ſurpriſes qui ſe pourroient faire & aux portes par la Compagnie Colonelle des Suiſſes qu'elles partagent, & au cœur de la Ville par les Penonnages qui entrent en garde tous les ſoirs chacun à ſon tour. Ie m'étonne comment i'ay attendu iuſqu'icy à parler d'vn article qui ájoûte vn grand éclat à Lyon, qui ſe garde ſoy même, & dont la fidelité eſt ſi connuë de ſon Roy, qu'encore qu'il ſoit à la vûë de l'étranger, il choiſit pour la defenſe des Lyonnois les Lyonnois mêmes. S'ils ont de la fidelité, ils n'ont pas moins de courage, chacun d'eux eſt fait aux armes, & c'eſtoit vne merueille de voir filer au château de la Motte deuant le feu Roy, les trente ſix Compagnies de la Ville, qui pour le moins faiſoient dix mille hommes, tous vêtus à l'áuantage & d'vne égale parure, tous le front martial & la demarche guerriere ; chaque Soldat en vn mot, mieux qu'autrefois dans les troupes d'Alexandre, portant mine de Capitaine, & chaque Capitaine portant mine de General. Ils renouuellent encore tous les iours ces belles parades par le beniſſement de leurs enſeignes, qu'ils deployent & qu'ils manient auec vne adreſſe nompareille, ce qu'ils ne font point ſans grande depence & grand appareil.

Auiourd'huy 38.

PIETÉ.

Il me reſte à décrire la Pieté Lyonnoiſe, que ie conſidere comme le premier arc-boutan, la plus ferme baſe de leur grandeur & de leur felicité. Quand l'on reuere le ciel, l'on proſpere d'ordinaire ſur la terre, & l'on ne peut être qu'en bonne poſture parmy les hommes, quand

l'on

l'on eſt en bonne intelligence auec Dieu; Ie parle du General,& laiſſe aux Theologiens à éplucher,s'ils veulent, les ſecrets de ſa prouidence, qui laiſſe quelquefois vn particulier dans l'epreuue,pour témoigner qu'il eſt maître,ou plûtoſt pour le tirer à luy par l'aduerſité. Ces rencontres ne détruiſent point ma propoſition, & ie maintiens derechef que c'eſt ſur leur pieté que ſe treuue établie la puiſſance & la belle adminiſtration des Lyonnois. Cette pieté conſiſte dans leurs deuotions & leurs charitez continuelles; c'eſt à qui tiendra le baſſin les iours de feſte aux portes de leurs Egliſes,& ſouuent il ſe remplit d'argent beaucoup plus que le baſſin de méme etoffe ne peut valoir. Leurs affaires ne les detournent point de ces pieux deuoirs auſquels ils ſe ſentent obligez, & ils erigent entr'eux de celebres Confrairies pour y ſuuenir plus facilement. Celle de Confalons, autrement des Penitens blancs, eſt la plus fameuſe, & elle a baſty vne Chapelle qui témoigne qu'elle eſt riche & en argent & en pieté. Les Penitens de S.Marcel ſont plus recueillis que les precedens,& ſans oublier le principal du Chrêtien (ie veux dire l'aumône qui deliure de la mort)

Societez de Penitens.

mort) ils tiennent dauantage des Contemplatifs,& ne paroiſſent que de nuict,& qu'vne fois dans l'année. Les exercices des Penitens de la Miſericorde ſont conſiderables,ils font des aumônes à toute heure; les priſonniers s'en reſſentent trois fois la ſemaine, & à l'áproche des bonnes feſtes ils en relâchent pluſieurs, ſi leurs dettes ne ſont exceſſiues.Ils vont rendre encore les derniers honneurs à ceux qui ont deshonoré leur vie par le crime, mais que leur repentance & leur châtiment ſemblent auoir effacé. Ces nobles Confrairies ſe treuuent composées des principaux habitans, qui tâchent que leur vie réponde à leur vêtement, & que leurs actions ſoient le vray tableau de leur penitence.

Congregations.

Les belles Congregations dont les RR. PP. de la Societé ſont les directeurs, attirent de même tout le beau monde,& par leurs exercices pieux tiennent doucement enchaînée toute la ieuneſſe,& vne bonne partie des mariez.

Deſſein pour vn établiſſemẽt nouueau.

Ce n'eſt pas auec moins de zele ny moins d'áparence d'vn grand fruit, que l'on prend icy le deſſein d'vne maiſon illuſtre,ſur le pié de celles dont l'Allemagne eſt remplie, pour y receuoir les filles de naiſſance,dont les familles ſont

incom

incommodées, ſans les obliger à aucun vœu qui les empêche de prendre party lors-qu'il viendroit à ſe preſenter. Cette inſtitution eſt plus vtile que l'on ne penſe, & ſans ôter au ſexe l'eſpoir du mariage, pour lequel toutes n'ont pas de l'áuerſion, l'on décharge les peres par ce moyen d'vn fardeau qui ſe rend peſant à meſure qu'on le void croître.

Maiſons Religieuſes.

I'ay dit au commencement que les deux côteaux que Lyon enferme ſont couuerts de maiſons Religieuſes; la baſſe Ville n'en eſt pas moins fournie, il s'y treuue des Hoſpices de tous les Ordres, & de quelques vns iuſqu'à trois; & chacun y loüe Dieu iour & nuict ſelon ſes rubriques.

Concluſion.

Voyla, chers Lyonnois, ce que i'ay pû produire à la gloire de vôtre illuſtre Patrie; i'ay crû luy deuoir donner ces marques de mon eſtime, & du vœu que i'ay fait de la ſeruir eternellement; & toute la Terre verra icy comme vous, auec combien de raiſon i'ay dit que vous habitez l'vne des plus grandes, des plus belles, des plus puiſſantes, des mieux policées, des plus Religieuſes, & en vn mot des plus celebres villes qui ſoient ſoûs le ciel; & vous m'auoüe-

rez

rez qu'au point où elle ſe void à preſent, ie n'en ay pas moins eu de donner pour tître à ce diſcours, LYON DANS SON LVSTRE.

Fin de la Premiere Partie.

LYON

LYON DANS SON LVSTRE.

Deuxiéme Partie.

LYON ne tire pas tout ſon luſtre de ſa grandeur & de ſon commerce, de ſon aſſiette agreable & de la magnificence de ſes Palais; I'ay fait voir qu'il le tire encore du merite des perſonnes illuſtres qui le gouuernent, & que ces belles ames qui font mouuoir vn ſi puiſſant Corps, ſont en effet le plus riche ornement & la plus haute gloire qui l'ácompagne. Ie croy que leurs noms ſe portent auſſi loin que leur vertu : mais en faueur de ceux qui les peuuent ignorer, & à qui la diſtance des lieux dérobé beaucoup de la connoiſſance de cette admirable Ville; afin que les étrangers áprennent à les reuerer, & que chacun enfin treuue icy ce que ſemble promettre la premiere partie de mon diſcours, i'offre à mon Lecteur vn rácourcy de l'état preſent du Corps Eccleſiaſtique, du Politique, & du Militaire, & i'ay fait vne recherche aſſez curieuſe & aſſez exacte, pour l'aſſurer qu'il treuuera dans ce peu de pages tout ce qu'il ſçauroit ſouhaitter ſur ce ſújet.

Au reſte i'ay proteſté dans mon premier áuertiſſement que ie n'entreprens point icy de regler les preſeances; ie n'ay point la charge de Maître des ceremonies qui y eſt ſouuent luy même aſſez empêché, & ie ne puis que ſuiure les memoires que l'on m'a fournis, & l'ordre que i'ay iugé à peu prés le plus raiſonnable. Ie n'ay pas donné auſſi à quelques perſonnes tous les titres & toutes les Seigneuries qu'elles poſſedent, ou pour ne les auoir pas ſçuës, ou afin de fuir la longueur que ie n'aime point, & ie croy de plus les dire aſſez par l'entremiſe d'vn, &c. Il me manque encor beaucoup de noms propres qui ont échapé aux ſoins de ceux qui m'ont ſecondé : mais qui n'eſtans pas importans comme les noms de famille, ne doiuent faire naître les plaintes d'aucun; vû que d'ailleurs ie n'auois pas aſſez de hardieſſe pour me fourrer ſi auant dans les maiſons, & y aller faire des enquêtes ſi particulieres. Ie ráporte en vn vn mot ce que ie ſçay, ne me croyant pas obligé à dauantage ; & ſi i'ay le malheur de faire quelque mécontent, c'eſt vn malheur qui n'eſt pas nouueau à ceux qui écriuent. Ceux-cy ſe plaindront que i'en dis trop, ceux là que ie n'en dis pas aſſez. De quelque côté que l'on ſe tourne, il eſt difficile de plaire à chacun, il ſe treuue toûjours quelque mauuaiſe humeur en campagne, & le ciel méme n'eſt pas à couuert de nos cenſures : *Iupiter ipſe nec pluuius, nec ſerenus placet omnibus*, diſoit vne ancienne Theocritique. Quoy qu'il en arriue, tréue de preambule, & coupons court, puis que ie m'en ſuis moy-même imposé la loy.

Ie diuiſe cette deuxiéme Partie par Chapitres, & chaque Chapitre par des Paragraphes. Et ce recueil pourra toûjours parêtre nouueau, ſi l'on prend la peine chaque année de changer ſeulement les noms de quelques perſonnes qui font place à d'autres, vû que les charges ſont fixes, & que Lyon pour n'auoir par toûjours les mêmes adminiſtrateurs, doit toûjours auoir la même adminiſtration.

CHAPITRE I.

Du Corps Ecclesiastique.

§. I.

De l'Eglise de S. Iean, Metropolitaine & Primatiale de France.

IE ne puis donner vne plus belle ouuerture à ce recueil, que par l'vne des plus illustres Eglises, & l'vn des plus celebres Chapitres de la Chrêtienté. S'il m'est permis de parler en termes de l'art, ie puis dire que le vaisseau de cette Cathedrale, des plus amples qui se voyent, est flanqué de quatre tours, & orné d'vn frontispice capable auec ses corniches & ses diuerses figures d'arrêter long temps la vûë d'vn curieux. Comme ie ne recherche point icy les antiquitez, ie me contente de dire qu'elle est assise au pié du côteau de Fouruiere, donnant du derriere sur la Saone, & qu'elle fut fondée par Iean Roy de Bourgongne, qui la remplit d'abord de douze Seigneurs des meilleures maisons de ses Estats, qui crûrent ensuitte au nombre de 72. & qui se treuuent aiourd'huy

Vaisseau de S. Iean.

d'huy reduits à 32. Cette fameuſe Primatiale a donc maintenant pour ſon digne Chef & tres Illuſtre Prelat,

Meſſire CAMILLE DE NEVFVILLE, Archeuêque & Comte de Lyon, Primat de France, Abbé des Abbayes de S.Martin d'Eſnay, & de l'Iſle Barbe, Conſeiller du Roy en ſes Conſeils d'Eſtat & Priué, & Lieutenant General pour Sa Majeſté au Gouuernement de Lyon, Païs de Lyonnois, Foreſts & Beaujollois.

Lequel a pour ſon Vicaire General au ſpirituel & au temporel

Meſſire ANTOINE DE NEVFVILLE, Abbé de S.Iuſt, Vicaire General de l'Abbaye d'Eſnay, Archidiacre de l'Abbaye S. Martin de l'Iſle Barbe, Prieur & Seigneur de Firminy, &c.

Le Noble Chapitre de S.Iean, composé comme i'ay dit de 32. Chanoines Comtes, ſans y comprendre le Roy qui va deuant tous, ſe peut diſtribuer en trois ordres : le premier deſquels renferme huict dignitez, que poſſedent auiourdh'uy Meſſieurs les Comtes *Chapitre.*

De Beſſerat Marlia, Doyen.

De Rebé, Archidiacre.

D'Albon S.Forjeu, Precenteur.

De S.George, Chantre,

De Sacconay, Chamarier,

De Cremeaux, Sacriſtain.

De Contançon de Faudras, Grand Cuſtode, & Maître de Chœur.

De Rochebonne, Preuoſt.

Les Hoſpitaliers compoſent le deuxiéme ordre, & les Bacheliers le dernier.

M. Antoine Gazanchon, Secretaire de la Comté.

Il me faut faire auſſi mention des 7. Cheuaualiers, & de la charge de Theologal, que remplit aujourd'huy auec vne haute approbation M. Bezian Arroy, Docteur en Theologie de la Faculté de Paris, de la maiſon de Nauarre, Prieur de S. Anne de l'Iſle Barbe, & Curé de Vaize & de Caluire: comme encore des 4. Cuſtodes, qui ſont à preſent, Meſſieurs

Louys de Ville, Docteur en Theologie, Vicaire General ſubſtitué, Cuſtode de l'Egliſe S.Croix, Official ordinaire & metropolitain en l'Archeuêché, Chanoine de S.Iuſt, &c.

Alexandre Proſt, auſſi Cuſtode de S.Croix, Chanoine de S.Iuſt.

Pierre des Roches, Treſorier de S.Iean.

Claude

Claude Monard, Sacriſtain de S.Eſtienne, Chanoine de S Nizier,& Prieur de Montetier.

Il ſe treuue de plus dans cette Illuſtre Egliſe, 20.Perpetuels, 6.Diacres, 18.Clercs,& enuiron 100.Habituez.

L'Archeuêché a ſa Iuſtice particuliere ſoûs le titre d'Officialité. Le Chapitre a auſſi la ſienne, qui s'âpelle Iuſtice du Cloître, ſans oublier celle du Glaiue pour la Correction des Eccleſiaſtiques.

Soûs le même toict de ce vaiſſeau ſpacieux ſe voyent encore aſſiſes l'ancienne Egliſe de S.Eſtienne, autrefois le premier Siege de l'Archeuêché, & celle de S.Croix vnie à la Cathedrale en qualité de Paroiſſe.

§. II.

Des Paroiſſes & Chapelles de la Ville & des Fauxbourgs.

I. SAincte Croix, qui a pour Cuſtodes Meſſieurs Louys de Ville, & Alexandre Proſt comme cy deſſus. *S. Croix.*

Dans l'étendue de cette Paroiſſe ſe treuuent les Chapelles de S.Michel, S.Alban, de l'Archeuêque ſoûs le titre de N. D. de Grace, & de la Conciergerie ſoûs celuy de N.D.de Pitié.

II. S.Iuſt

S. Iust. II. S. Iust Collegiale, assise sur la cime du côteau, proche de la porte du même nom, qui ouure le chemin à l'Auuergne, est composé de 25. Chanoines, & a pour Obeancier M. Charrier, pour Sacristain M. Bartholy, pour Maître de Chœur M. de Bellecroix, & pour Preuôt M. de Masso. Et de plus 10. Perpetuels.

De ces quatre Dignitez, celle d'Obeancier est considerable, celuy qui la possede ayant droit priuatiuement à tout autre, de porter la parole pour tout le Clergé de Lyon aux entrées des Roys & Legats du Pape.

Ce Venerable Chapitre a aussi vne iustice particuliere, comme celuy de S. Iean; & la iustice du glaiue.

S. Paul. III. S. Paul Collegiale, au pié du même côteau, où vient aboutir la ruë de la Iuifverie, a pour annexe qui la touche l'Eglise de S. Laurent, où s'exercent les fonctions parochiales: l'on y conte 18. Chanoines auec 7. Perpetuels. Ceux qui y sont en dignité, sont à present

M. Hierôme Chalon, Chamarier & Chantre.

M. Pierre Scarron, Sacristain, Protonotaire Apostolique, & Prieur de Mongon.

Cette

Cette Paroiſſe a dans ſon contour les Chapelles de S. Barthelemy, de S.Martin ou de la Chanal, de S.Pipoy, & celle de la Fortereſſe de Pierre-ciſe.

IV. S. Nizier Collegiale, aſſiſe au cœur de la Ville dans la Peninſule, ſe void 36. Chanoines auec 8. Perpetuels. Elle a *S.Nizier.*

pour Sacriſtain Monſieur de Maucler,

pour Chantre Monſieur Margat.

Cette Paroiſſe eſt d'vne grande étendue, dans laquelle ſe peuuent conter les Chapelles de S.Iaques, & de N. D. de Bon Rencontre.

V. S. George au pié du côteau dont S. Iuſt ócupe le deſſus, releue de la Commanderie du même nom, Chef du Bailliage de Lyon de l'Ordre de S.Iean de Ieruſalem dedans le Grand Prieuré d'Auuergne, poſſedée auiourdhuy par Illuſtriſſime M.Frere Annet de Geſſan, Cheualier & Grand Bailly de Lyon dudit Ordre, Commandeur des Bordes & autres Commanderies dependentes dudit Bailliage. *S.George.*

La charge de Receueur dudit Ordre au Grand Prieuré d'Auuergne eſt à preſent entre les mains d'Illuſtre M. Frere Gaſpard de Maiſonſeule, Cheualier dudit Ordre, Commandeur des Commanderies de S.Anne, Celles, Salins & Montbriſon, qui en ladite qualité de Receueur fait ſa reſidence ordinaire dans la Maiſon de S.George, où ſe conſeruent les archiues dudit Prieuré, ayant été continué deux fois de ſuitte, & tenant ladite charge depuis neuf ans, quoy qu'elle ne ſoit que triennele.

M. Frere Iean Chazar, Religieux du même Ordre jouït de la Cure.

S. Thomas de Fouruiere. VI. S.Thomas de Fouruiere Collegiale, la plus en vûë de toutes les Egliſes de Lyon, ſur le ſommet du côteau duquel elle emprunte ſon ſurnom, a 10. Chanoines, &

Pour Sacriſtain, M. de Bellecroix.

Pour Chantre, M. de Sacconay.

S. Romain. VII. S.Romain a pour annexe S. Pierre le vieux. Meſſieurs les Comtes de S. Iean nomment le Curé, qui eſt à preſent M.Antoine du Soleil. Cette Paroiſſe a dans ſon enclos les Chapelles de la Magdeleine, de N. D. de Lorette, & des Repenties.

S.Pierre. VIII. S. Pierre a de même S.Saturnin pour annexe, & ſon Curé, auiourd huy M. Michaud l'aîné, Chanoine de S.Nizier, eſt nommé de même par les Dames Religieuſes.

Cette

Cette Paroiſſe ſituée proche des Terreaux eſt ſeruie d'ordinaire par 12. Prêtres, & a dans ſon enclos les Chapelles de S. Coſme & S. Damian, de S.Clair, de S.Claude, de S.Sebaſtien, & de S.Catherine.

IX. S.Michel proche de la Saone au deſſous de l'Arſenal, a pour Curez primitifs Meſſieurs de l'Abbaye d'Eſnay, & eſt maintenant ſeruie par M.Thomazel. *S. Michel.*

La Chapelle du S.Eſprit proche la porte du Rhône eſt du contenu de cette Paroiſſe.

X. S.Vincent au pié de la côte S.Sebaſtien, ſur le bord de la Saone, a pour Curez primitifs Meſſieurs de S. Paul, & eſt ſeruie à preſent par M.Beraud. *S. Vincent.*

XI. N. Dame de la Platiere entre les rues de la Pécherie & de la Lanterne, eſt composée de 6.Chanoines Reguliers de l'Ordre de ſainct Ruph, qui ont *N.D. de la Platiere.*

pour Prieur, Noble Guillaume de Riuery de Coiſſe.

pour Sacriſtain, Noble François des Granges dit des Amorots.

XII. S.Irenée, au delà du fauxbourg de ſainct Iuſt, Prieuré, a pour Prieur M. l'Abbé *S.Irenée.*

 Talle

Talleman, Conseiller & Aumônier du Roy.

S. Pierre de Vaize. XIII. S. Pierre de Vaize a pour Curé M. Bezian Arroy, &c. comme cy dessus.

N.D. de la Guillotiere. XIV. N. D. de la Guillotiere, les Eglises de Chaussaigne & de Villerbane ne font qu'vn même corps de paroisse, & sont aujourd'huy seruies par M.Prunelle.

Dans le même fauxbourg se treuuent les Chapelles de S.Magdelaine, annexe de S. Michel prés d'Esnay, & celle de S.Lazare.

Hors la porte S. George se voit la Chapelle S.Roch, seruie par les RR.PP. Minimes.

Dans ce denombrement des Paroisses & Chapelles, ie ne fais point de mention des Eglises Abbatiales & Conuentuelles, ny de celles des Hôpitaux, vû que i'en dresse vne liste à part.

Resultent de ce que dessus,

Paroisses. 14

Eglises ou Chapelles. 16

§. III.

Des Maisons Religieuses de l'vn & l'autre sexe, dedans & dehors la Ville.

Abbaye d'Esnay. I. IE fais honneur au nôtre, & prens en premier lieu l'Abbaye de S.Martin d'Esnay, paroisse

paroiſſe de S. Michel, qui a pour ſon tres Illuſtre Abbé,

Meſſire CAMILLE DE NEVFVILLE, Archeuêque & Comte de Lyon,&c.

Pour Vicaire General,

Meſſire ANTOINE DE NEVFVILLE, Abbé de S.Iuſt,&c.comme deſſus,

Et pour Prieur Clauſtral triennel,

M.Iean Baptiſte Pinet, Vicaire ſubſtitué de Monſeigneur l'Abbé, & Sacriſtain de S.Iulien en Iarés lés S.Chaumont.

Cette Abbaye entretient 16.Religieux,auec le ſoldat eſtropié,ou le Moine Lay; & a vne iuſtice particuliere.

I'ay fait mention au §. precedent de la Commanderie de S George.

II. N.D. de Confort, paroiſſe de S Nizier, Conuent des RR. PP. Dominicains, ou Freres Preſcheurs, & par corruption Iacobins, a pour Prieur le R.P. Alexandre Richard, Lyonnois, Docteur en Theologie de la Faculté de Paris, tres vertueux & d'vn bel eſprit, qualitez qui ne pouuoient pas ſeulement luy donner la conduite de 30.Religieux:mais qui peuuent encore luy áquerir celle de la Prouince entiere. *Iacobins.*

III. S. Bonauenture, même Paroiſſe, Conuent des RR. PP. Franciscains, ou Freres Mineurs, dits vulgairement Cordeliers, a pour Gardien le R. P. Philibert Petrot, Lyonnois, Docteur en Theologie de la Faculté de Paris, l'vn des bien operans & des bien disans du siecle, c'est à dire, qui a toutes les parties qui font exceller l'Orateur Chrêtien, dont l'exemple autant que le discours doit percer l'oreille de ceux qui l'écoutent. Cette Maison entretient 50. Religieux.

Carmes. IV. Le Conuent des RR. PP. de l'Ordre de S. Helie, ou de N. D. du Mont Carmel, que pour cela le vulgaire ápelle Carmes, Paroisse de la Platiere, a été de tout temps comme vn Seminaire de Docteurs de Paris, & a fourny prés de cent ans durant des Euêques Suffragans du Seigneur Archeuêque de Lyon. Cette Maison tres Religieuse, & visitée en foule de tout le peuple, est la premiere de la Prouince, & jouït aujourd'huy de la presence de son tres digne Prouincial le R. P. Paul Lombard, sorty d'vne bonne famille de cette Ville, Docteur en Theologie de la Faculté de Paris, esleu à ladite charge de Prouincial par vn consentement vnanime, à la vûë du Reuerendissime General

ral de l'Ordre, & dans vn áage où les autres commencent à peine d'être connus. Encore que sa modestie s'en soit defendue, & qu'il y ayt eu mille repugnances, il n'a pû vaincre les puissantes solicitations & les volontez superieures, qui luy ont continué cette dignité cinq ans de suitte, quoy qu'elle n'ayt iamais été ácordée à personne que pour trois; marque trop infaillible de son merite & de sa vertu. Mais pour en dõner encore de plus éclatantes, il me faut ájoûter qu'au Chapitre General de l'année 1654. il se treuua assis le quatriéme, & fut le premier des Deputez de toutes les quatre Nations au Pape Innocent X. pour les affaires de l'Ordre, qu'il sçut menager pour la sienne auec vn tel áuantage, qu'on peut dire que la France l'emporta de ce côté sur l'Espagne, sur l'Italie & sur l'Allemagne par l'eloquence & la solidité des raisonnemens du P. Lombard, comme elle en a toûjours triomphé par la vaillance de nos Generaux; Que le Reuerendissime dans vne lettre qu'il ádresse à sa Maison de Sienne, l'assure que le P. Lombard a la premiere place dans son amitié; & qu'en fin le P. Lombard est étably depuis peu President d'vne Congre

Congregation de tous les Prouinciaux du Royaume. I'ay recherché auec soin les eminentes qualitez que possede ce grand homme,& en ay rempli cette page à son deceu,non pour le payer de la haute approbation qu'il a donnée à mon liure, puis que ie croy luy rendre icy suiuant son humeur vn mauuais office; mais pour me pouuoir vanter suiuant la mienne d'être en quelque sorte dans l'estime d'vn Illustre de ce temps.

Cette Maison nourrit enuiron 40.Religieux, qui ont pour Prieur le R. P. Cyrille Morel,Docteur de Paris,l'vn des eloquens du siecle,& qui a rempli auec de grandes loüanges les chaires de S.Croix,& de S.Nizier.

Augustins. V. Les RR.PP. Augustins de S.Vincent au nombre de 40.ont pour Prieur le R.P. Hierôme Montal, Docteur en Theologie de la Faculté de Montpelier,Vicaire General de la Prouince de Prouence, qui s'est vû par trois fois dans la charge de Prouincial, & cy deuant Secretaire de l'Ambassade faite en Pologne par Monseigneur le Duc d'Arpajou.

L'Obseruance. VI. Le Conuent de l'Obseruance des RR. PP.de S.François, paroisse de S.Paul.proche du Tombeau

Tombeau des deux Amans hors de la porte de Pierre-cise, entretient 20. Religieux, & a pour Præses, comme ils l'apellent, le R. P. Pierre le Court, qui tient lieu de Gardien.

VII. La Maison des RR. .PP Celestins, branche de S. Benoist, paroisse de S. Nizier, enferme 30. Religieux, & a pour Prieur le R. P. Gabriel Gautier. *Celestins.*

VIII. Le Conuent des RR. PP. de S. François de Paule, à qui leur profonde humilité donne le nom de Minimes, est dans la paroisse de S. Iust de laquelle il est voysin, & encore qu'il soit beau dans chacune de ses parties comme dans son tout, le lieu qui renferme les vtensiles sacrez, & celuy qui est destiné pour la pharmacie, ont quelque chose de particulier, & peuuent passer dans la France pour deux petites merueilles. Mais il faut que ie tire d'vn plus haut sújet le lustre de cette Maison Chef de la Prouince, en luy donnant pour son digne Prouincial le R. P. Horace Paquet, Lyonnois, frere de Noble Iean-Baptiste Paquet, ancien Escheuin de la ville de Lyon, personnage d'vne excellente vertu & d'vne haute eloquence, que son merite a éleué par deux fois à la charge *Minimes.*

de Prouincial, & appellé tout autant au Chapitre General de l'Ordre; qui s'est attiré les admirations du Parlement de Dauphiné dans la Chaire de Grenoble, & a remporté de même vn grand fruit & de grands eloges dans plusieurs autres villes du Royaume. Ladite Maison a pour son Superieur immediat le R. P. André Henry aussi Lyonnois, Lecteur en Theologie, & fameux Predicateur, qui se treuue 46. Religieux soûs sa conduite.

Chartreux.

IX. Les RR.PP. de S.Bruno, appellez Chartreux de ce fameux desert à trois lieuës de Grenoble, qui a donné son nom à tous les Conuents de l'Ordre, sont assis sur le côteau dans la paroisse de S.Vincent, & se treuuent au nombre de 25. qui ont pour Prieur, Don Gabriel Petit-Iean.

Jesuites du grand College.

X. Les RR. PP. de la Compagnie de IESVS, dits communement les PP. Iesuites, qui ne sont venus au monde que pour bannir de plusieurs lieux l'ignorance & la barbarie; ont trois Maisons dans Lyon. La premiere est le fameux College de la Trinité, paroisse de S.Nizier, où se treuuent 60. Religieux, qui ont pour leur Recteur le R. P. Pierre l'Abbé.

XI. La

XI. La ſeconde eſt cõnuë ſoûs le nõ de S. Ioſeph, à la droite des Iardins d'Eſnay, paroiſſe de S. Michel, où ſe voyent 30. Religieux ſoûs la conduite du R.P. Andoche Morel. *De S. Ioſeph.*

XII. La troiſiéme ſoûs le vocable de l'Immaculée Conception, appellée le petit College, paroiſſe de S. Croix, a 25. Religieux, & pour Recteur le R.P. Georges de Rhodes, d'Auignon. *Du petit College.*

XIII.. Les RR. PP. Fueillans, branche de S. Bernard, ou de Ciſteaux, rangez à la reforme par le R. P. Dom Iean de la Barriere, ont leur Egliſe à S. Clair, paroiſſe de S. Pierre, ſoûs le tître de S. Charles Borromée, & ſont 10. à preſent, qui ont pour Prieur Dom Pierre de S. Ioſeph. *Fueillans.*

XIV. Les RR. PP. Capucins, Ordre de S. François, ont deux Maiſons dans la ville. La premiere appellée le grand Conuent, ſur le panchant de la montagne, paroiſſe de S. Paul, entretient 40. Religieux, qui ont pour Gardien le R. P. Iean François de Rion. *Capucins du grand Conuent.*

XV. La deuxiéme nommée le Petit Foreſt, au pié de la côte S. Sebaſtien, paroiſſe de S. Pierre, ſoûs le vocable de S. André, peut conter 40. Religieux, ſoûs la conduite du R. P. Calliſte de Lyon, Gardien. *2. Petit Foreſt.*

Recollects. XVI. Les RR. PP. Recollects, Ordre du méme S. François, paroisse de S. Paul, à la montée de Belle-greue, sont au nombre de 40. & ont pour Gardien le R.P. George d'Vrfés.

Carmes dechaussez. XVII. Les RR. PP. Carmes dechaussez, de l'Ordre de N. D. du Mont Carmel, sont sur le même côteau, & dans la même paroisse que les precedens. Ils peuuent aller iusqu'à 33. & ont pour Prieur le R. P. Honoré Bouilloud.

S. Antoine. XVIII. La Maison de S. Antoine, maintenant l'vn des ornemens de la Ville, & que l'on a comme deterrée de l'obscurité où elle étoit cy deuant, est dans la paroisse de S. Nizier, & a dequoy fournir à 16. Religieux, qui ont maintenant pour Superieur le R.P. Basile.

Religieux de la Guillotiere. XIX. Les RR. PP. du Tiers Ordre de S. François, paroisse de la Guillotiere, ne sont pas moins de 40. & ont pour Gardien le R.P. Seraphin du Lieu.

Augustins dechaussez. XX. Les RR. PP. Augustins dechaussez ont leur Conuent à la Croix-rousse soûs le titre de S. Denys, & sont au nombre de 35. qui ont pour Prieur le R.P. Vrbain.

L'Isle Barbe. XXI. Il ne faut pas faire grand chemin depuis la Maison desdits Peres Augustins pour

se

ſe rendre à l'Iſle Barbe,ancienne & tres fameuſe Abbaye, qui prend dans la Saone la forme de ces longs vaiſſeaux qu'ils nomment Ramberges, eſtant beaucoup plus longue que large; & pour ſon circuit qui ne peut étre que de 1000.pas, elle ſe treuue remplie de quantité de beaux edifices, qui pourroient la faire paſſer pour vne petite ville.

Treize Dignitez releuent l'éclat de cette Abbaye ; ie feray mention ſeulement de ceux qui poſſedent les trois premieres,

Meſſire CAMILLE DE NEVFVILLE, Archeuêque & Comte de Lyon,&c.Abbé Doyen.

Meſſire ANTOINE DE NEVFVILLE, Abbé de S.Iuſt,&c. Archidiacre.

M. Claude le Laboureur,Preuôt.

Religieux de Fontaines.

XXII. Au deſſus de l'Iſle Barbe, dans la paroiſſe de Fontaines proche de la Saone, ſe treuue vn ſecond Conuent du Tiers Ordre de S.François,qui a pour Gardien le R.P.Archange de Lyon,ſuiuy de 15.Religieux.

Recollects de S. Genis

XXIII.A deux mille au deſſoûs de Lyon, proche de la petite ville de S. Genis, ſe void de méme vne deuxiéme Maiſon des RR.PP. Recollects, ou plutoſt la premiere, puis qu'elle a donné naissance à celle de Belle-greue, qui par vne iuste gratitude nourrit à present sa mere de ce qu'elle peut. Elle tâche toûjours de maintenir 15. à 16. religieux, qui ont auiourd'huy pour tres-digne Gardien, tres-bon predicateur, & que i'honore beaucoup, le R. P. Guillaume, de la famille des Guillaumes de Troye.

Ie viens au sexe deuôt.

Abbaye de S. Pierre. XXIV. L'Abbaye de S. Pierre, ordre de S. Benoist, a pour Abbesse Royale, Madame Anne d'Albret de Chaune, auec 58. Religieuses.

La Deserte. XXV. La Deserte, méme Ordre, paroisse de S. Vincent, a pour Abbesse Royale, Madame Marguerite de Chubly, auec 57. Religieuses.

Chazot. XXVI. Chazot, méme ordre, paroisse de S. Croix en Belle-greue, a pour Abbesse Royale, Madame Antoinette de Varennes, auec 28. Religieuses.

S. Claire. XXVII. Les Religieuses de S. Claire, nommées par quelques vns, les pauures Dames, ordre de S. François, paroisse de S. Michel, sur le riuage de la Saone, sont au nombre de 35. qui ont pour Abbesse, Marguerite Combet.

Carmelites. XXVIII. Les Carmelites, ou Religieuses de S. Therese, en montant aux Chartreux, dans la paroisse

paroiſſe de S. Vincent, ne ſont pas moins de 25. & ont pour Prieure Charlotte de Bonheur.

XXIX. Les Bleu-Celeſtes de l'Annonciade, voiſines des precedentes, & dans la méme paroiſſe, ſe treuuent au nombre de 46. ſous la regle de S. Auguſtin, & la conduite de Ieanne de Beauregard. Elles ſont differentes d'antiquité, d'habit & de regle, des Religieuſes de l'Annonciade d'Italie. *Les Celeſtes.*

XXX. Les Vrſulines, regle de S. Auguſtin, de qui la ieuneſſe de leur ſexe reçoit les mémes ſeruices que les PP. Ieſuites rendent à celle du leur, meritent de méme qu'eux d'auoir trois maiſons. La premiere ſe void dans la ruë de la monnoye, paroiſſe de S. Pierre, & entretient 100. Religieuſes, qui ont pour Superieure Magdelaine de Pure. *Vrſulines, 1. Conuent.*

XXXI. La ſeconde proche de S. Iuſt, ſous le tître de S. Louys, a pour la ſienne Magdelaine Stouppe, eleuée extraordinairement à cette charge, autant qu'il eſt extraordinaire au ſiecle où nous ſommes, & au deſſous de trente ans, de voir vne pieté pareille à la ſienne. Elle a 80. Religieuſes pour imitratrices de ſa deuotion, & de ſes vertus. *2. Conuent.*

XXXII.

3. Conuent. XXXII. La troisiéme à la descente de S.Barthelemy, paroisse de S. Paul, nourrit 25.à 30.Religieuses,qui ont pour Superieure la Mere de Godefré.

Religieuses de S. Marie, 1. Conuent. XXXIII. Les Religieuses de S. Marie, aussi sous la regle de S. Augustin, de la fondation du B.François de Sales,ont autant de Maisons que les precedentes. La premiere en Bellecour, paroisse de S.Michel,enferme 80.Religieuses, qui ont pour Superieure Marthe de Ponsin.

2. Conuent. XXXIV. La seconde appellée l'Antiquaille,ancienne demeure des Empereurs, proche de Fouruiere, loge 100.Religieuses,sous la conduite de Marguerite de Faudras Chateautier.

3. Conuent. XXXV. La troisiéme sur le Cay de S.Vincent proche de la porte d'Halincourt, est commode pour 70. Religieuses, qui ont pour Mere Superieure Louyse Renard.

Elizabethes, 1. Conuent. XXXVI. Les Religieuses du Tiers Ordre de S. François, autrement les Elisabethes, ont vne Maison de moins que les precedentes: La premiere en Bellecour,paroisse de S.Michel, peut auoir 60.Religieuses, soûs la sage conduite te de la Mere Magdelaine du Sauueur, fille de M.Matthieu, Hiſtoriographe de France.

XXXVII. La ſeconde les rend tres-proches voiſines des PP.Minimes, & l'on pourroit dire trop, ſuiuant les bienſeances canoniques, ſinon que l'auſtere vertu des vns & des autres laiſſe entre leurs maiſons vn double rempart. Ce monaſtere étably de fraîche datte a pour ſuperieure la Mere Duché de Lyon, auec vne quainzaine de Religieuſes. *2.Conuent.*

XXXVIII. Les Bernardines proche de la porte S. Sebaſtien, ſe treuuent au nombre de 54. & ont pour Prieure, Marie Seuert. *Bernardines.*

XXXIX. Les Dames de Blie, Ordre de S. Benoiſt, en Belle-cour, ont pour Prieure, Madame Gabrielle du Gué, dont l'eſprit & la pieté ſe font parêtre dans la conduite de 75. Religieuſes. *Blie.*

XL. Les Religieuſes de S. Amour, qui retiennent ce nom d'vne Maiſon qu'elles auoient dans la Comté de Bourgongne, & qui reconnoiſſent pour Inſtitutrice la B. Mere Victoire; ont leur demeure en ruë Neyret, côte de S.Sebaſtien, & viuent ſous la méme regle que les Bleu-celeſtes. Elles ſont 15. Religieuſes, & ont *Religieuſes de ſainct Amour.*

K pour

pour Superieure Françoise Petit.

PP. de l'Oratoire. Ie n'ay pas besoin de loger dans cette liste des maisons Religieuses, les Chanoines Reguliers de S.Ruph, ou de la Platiere, que i'ay nommez au rang des paroisses; non plus que les RR. PP. de l'Oratoire, de l'Institution du Cardinal de Berule, qui ne sont pas proprement Religieux, & qui ne faisans point de vœux monastiques, peuuent se retirer dessors qu'il leur plaist. Ils ont leur maison sur la côte S.Sebastien, paroisse de S.Pierre, où ils se treuuent 16. sous la conduite du R. Pere Girard Estienne.

I'ay pris plaisir à mettre icy en vsage la premiere regle de l'Arithmetique, & ie veux faire part à mon Lecteur de la supputation que i'ay faite des maisons & des personnes Religieuses de l'vn & de l'autre sexe, que chaque Patron d'Ordre se void dans la ville de Lyon & ses dehors. Dans laquelle supputation ie range lesdits Patrons d'Ordre suiuant leur antiquité, & l'antiquité de leur Regle; & prens ledit nombre des personnes sur le pié de ce que chaque maison peut nourrir de bouches suiuant l'asseuré ou le casuel.

Patrons

Patrons d'Ordre.		Maiſons.	Perſonnes.
I.	S.HELIE.	3.	98
II.	S.ANTOINE.	1.	16
III.	S.AVGVSTIN.	10.	591
IV.	S.BENOIST.	6.	248
V.	S.BRVNO.	1.	25
VI.	S.BERNARD.	2.	64
VII.	S.DOMINIQVE.	1.	30
VIII.	S.FRANÇOIS d'ASSISE.	11.	372
IX.	S.PIERRE CELESTIN.	1.	30
X.	S.FRANÇOIS DE PAVLE.	1.	46
XI.	S.IGNACE DE LOYOLA.	3	115
		40	1635

A faire vn ſecond calcul, & tirer vn total de ce que deſſus, ie treuue dans Lyon & ſes dehors 11. Patrons d'Ordre, 40. Maiſons, & 1635. Perſonnes Religieuſes.

§. IV.

Des Societez de Penitens.

I. IE prens celle de Confalons la premiere, comme la plus ancienne, qui a ſa Chapelle dans l'enclos des RR.PP. de S.Bonauenture, qui la ſeruent; & aprés ce que i'en ay dit, ainſi que *Penitens blancs.*

des deux suiuantes, dans ma premiere partie, ie me contente icy d'aioûter, qu'elle est composée de 500. Confreres, qui ont auiourd'huy pour leur tres-digne Recteur, M. George Giraud, que son bel esprit & sa pieté malgré son ieune âge, ont appellé à cette dignité, comme au premier pas, par lequel il doit monter auec le temps à de plus hautes.

De saint Marcel.

II. Les Penitens de S. Marcel sont si recueillis, & se tiennent si cachez, que i'ay demeuré long-temps sans pouuoir áprendre que M. d'Alichou, ancien Escheuin, auiourd'huy Iuge de Police, est leur Recteur, & qu'ils sont au nombre de 100. Ils font certes en sorte qu'on ne leur puisse reprocher qu'ils vueillent être regardez des hommes. Ils ont leur chapelle sur la Côte S. Sebastien, & sont seruis par les PP. Minimes.

De la Misericorde.

Les Penitens de la Misericorde ont leur chapelle dans l'enclos des PP. Carmes qui les seruent, & se treuuent enuiron 80. Confreres, qui ont pour Recteur; M. Louys de Cotton, cy-deuant Recteur de l'Aumône Generale, & de l'Hôtel-Dieu, degrez qui luy promettent de paruenir à d'autres honneurs, suiuant les glo-

rieu

rieuses traces de ses ancêtres.

Il se treuue de la sorte 3. Societez de Penitens, & enuiron 680. Confreres.

§. V.

Des Congregations de Pieté.

I. LEs PP. Iesuites sont les directeurs de ces belles Congregations, & en ont 5. dans le grand College, 3. dans le petit, & vne dans S. Ioseph. La premiere dud. grand College est cõposée des plus notables de la ville, & s'âpelle la Congregation de Messieurs, soûs le tître de l'Assomption de la Vierge, qui a pour directeur le plus fameux écriuain de ladite Societé, qui a discouru dans ses liures depuis le Cedre iusques à l'hyssope, qui semble auoir herité de ce premier genie de Salomon à qui rien n'étoit caché de ce qui peut tomber sous le sens humain, & dont les œuures soit de sçauoir, soit de pieté, sont & si nombreuses & si diuerses, qu'il s'en pourroit faire vne bibliotheque raisonnable & tres-assortie : Le R. Pere Theophile Raynaud a donc le soin de cette illustre Congregation, qui a pour Prefect M. Honnorat le fils. *Grande Congregation.*

II. La deuxiéme est celle des Artizans, sous *Des Artisans.*

le tiltre de la Purification, qui a pour directeur le R.P.Iean Couerden, personnage d'vne rare pieté,& pour Prefect M. Claude Marion.

Des Theologiens. III. La troisiéme est composée de Theologiens & Philosophes, c'est à dire de toutes personnes sages, & qui ne veulent point dementir leurs noms; elle est sous le tître de la Conception,& a pour Directeur le R.P.Faber, & pour Prefect M.Colombet, ieune homme d'vn esprit tres-solide & tres-releué.

Des Humanistes. IV. Les Rhetoriciens & les Humanistes font la quatriéme, soûs le tître de l'Annonciation,qui a pour directeur le R. P. Pierre Violet, & pour Prefect,Iean Claude Diuourt.

Des ieunes Artisans. V. La cinquiéme soûs le tître de la Natiuité de Nôtre Dame,est des ieunes Artisans, qui ont pour directeur le R.P.Ignace Paissaud;pour Prefect,Claude Courtet.

VI. La maison de S.Ioseph n'a qu'vne Congregation soûs le tître des Epousailles de la S. Vierge & de S.Ioseph,mais vne Congregation illustre soit pour son directeur le R. P. Paul de Barry,sorty d'vne maison considerable; considerable de son chef par plusieurs ouurages de pieté qu'il a mis au iour, & pour auoir été cy deuant

deuant Prouincial de la Prouince de Lyon: ſoit pour ſon Prefect M. Philippe Bordes, cy deuant Recteur de la Charité & de l'Hôtel Dieu, qui laiſſe par tout des marques inſignes de ſa pieté, & continué dans ladite dignité de Prefect, pour les áuantages que reçoit tout le corps de ſon bel exemple & de ſes ſeruices: ſoit enfin pour les dignes perſonnes qu'elle contient.

Grande du petit College.

VII. La premiere du petit College, s'ápelle la grande Congregation, qui a pour Directeur le R.P. de S. Rigaud, & pour Prefect M. René Syluio.

Petite.

VIII. La ſeconde, autrement la petite Congregation a pour Directeur le R.P. Garnier, & pour Prefect, M. Goy, prêtre.

Congregation des Luquois.

IX. Cette maiſon a de plus vne Congregation des Luquois, tres-belle & deuôte, erigée ſoûs le tître de S. Barthelemy Patron de la Republique de Luques, qui a pour Directeur le R. P. Iean Bertet, perſonnage d'vne inſigne probité, d'vn eſprit tres-rare, & d'vn ſçauoir tres-profond; & pour Prefect M. Vincent Saminiati, Bãquier.

CHA

CHAPITRE II.

Du Corps Politique.

§. I.

Du Gouuernement de Lyon.

AVtant que le Gouuernement de Lyon est ancien & beau, autant qu'il est d'importance; autant le peut-on vanter d'auoir aujourdhuy d'Illustres personnes qui en tiennent le timon, & qui parmy les orages qui sembloient menacer tout le Royaume, l'ont toûjours sçû conduire dans la bonace, & luy ont áquis vn calme qui doit durer. Il est temps que ie les nomme.

Messire NICOLAS de NEVFVILLE, Duc Pair & mareschal de France, Marquis de Villeroy & d'Halincourt, Viconte de la Forest Thaumier, &c. Gouuerneur & Lieutenant General pour le Roy en la Ville de Lyon, Pays de Lyonnois, Forests & Beaujolois.

Messire CAMILLE DE NEVFVILLE, Archeuêque & Comte de Lyon, Primat de France, Abbé des Abbayes de S. Martin d'Esnay & de l'Isle Barbe, Conseiller du Roy en ses Conseils d'Estat d'Estat & priué, Lieutenant General pour sa Majesté au Gouuernement de Lyon, pays de Lyonnois, Forests, & Beaujolois.

Ie feray suiure icy

Messire ROGER D'AVTVM, Marquis de la Baume, Comte de Tallard & d'Auriac, Senechal de Lyon, &c.

---

§. II.

Du Corps Consulaire.

PVis qu'en l'absence des Gouuerneurs & Lieutenans de Roy, les Preuost des Marchans & Escheuins ont la garde des clefs de la Ville, que ceux qui les ont precedez dans ces charges eminentes auoient euë de tout temps; qu'ils y donnent tous les Ordres necessaires; que c'est d'eux que le Sergent Major reçoit le mot, pour le porter aux corps de garde des portes & autres endroits; qu'ils liurent les passe-ports aux Couriers & autres personnes; qu'ils pouruoyent à toutes les charges militaires de la Ville; qu'ils sont Recteurs primitifs de la Maison celebre du Grand Hostel Dieu; qu'ils nomment les Iuges de Police, comme les

 Iuges

Iuges & Commissaires de Santé; qu'ils remportent pour eux & pour leur posterité le tître glorieux & effectif de noblesse ; puis qu'enfin leurs priuileges,authoritez & pouuoirs recueillis par vne personne Illustre, & mis au iour l'an 1649. n'ont rien d'egal au reste du monde, il me semble que ie dois loger dans ce 2. paragraphe.

Consulat. Messire Iaques Guignard, Seigneur de Belleueuë,Vicomte de S.Priest,Conseiller du Roy en ses Conseils,President en sa Cour des Aydes & Finances de Dauphiné, Preuost des Marchans continué de la Ville de Lyon.

Pierre Mellier, Escuyer, plus ancien Magistrat en la Seneschaussée & Siege Presidial dudit Lyon.

Noble Remond Bererd,Bourgeois.

Iustinian Croppet,Escuyer,Seigneur d'Iriny, Conseiller du Roy, Maître des ports,ponts, & passages de l'ancien Gouuernement Lyonnois.

Noble Noël Costar, Bourgeois: Escheuins de ladite Ville & Communauté de Lyon.

M.Charles Grollier, Escuyer, Seigneur de Cazot & de Bellecize, Conseiller du Roy, cy deuant Preuost des Marchans,Aduocat & Procureur General de ladite Ville & Communauté té de Lyon, dans laquelle charge il eſt ſoulagé par Gaſpard Grollier, Eſcuyer, ſon fils, receu en ſuruie.

Noble Iean Demoulceau, ancien Eſcheuin, Secretaire de ladite Ville & Communauté, qui ſe laiſſe ſoulager de méme par Thomas Demoulceau ſon fils, receu en ſuruie.

Noble René Bais, Receueur des deniers communs, dons & octroys de ladite Ville.

La Voyerie de la Ville ápartient en chef à Meſſieurs du Conſulat, pour laquelle ils ont leur Commis Voyer General, M. Simon Maupin.

Leſdits Preuoſt des Marchans & Eſcheuins, comme ie l'ay ráporté dans ma premiere Partie, ſe ſont áquis à preſent la qualité de Iuges Conſeruateurs des priuileges Royaux des Foires de lad. Ville & Communauté de Lyon, & ſuiuant l'Edict de l'vnion de cette Iuriſdiction au Corps Conſulaire, ont pris pour Aſſeſſeurs, *Châbre de la Conſeruation.*

Noble Louys Chappuis, Docteur és Droits, Iuge des Terres de Meſſieurs de S. Iean, ancien Eſcheuin de ladite Ville.

Noble Claude Laure, Bourgeois, & ancien Eſcheuin.

Hugues André, Seigneur de Fromantes.

Genis du Mas, Seigneur de la Pardieu.

Antoine Iulien,Bourgeois.

Claude Pecoil,Bourgeois.

Auditoire de la Police.

L'Auditoire de la Iurisdiction de la Police, est dans ledit Hostel de Ville, & lesdits sieurs Preuost des Marchans & Escheuins nomment par chaque Semestre six Iuges pour y rendre la Iustice, sç. 2.Officiers, 2.Bourgeois, & 2.Marchans,qui sont aujourd'huy Messieurs

Cachet, Conseiller du Roy en la Seneschaussée & Siege Presidial de Lyon.

Adueillon,Procureur du Roy en l'Eslection de ladite Ville.

Dalichou,ancien Escheuin.

Claude Richard.

Antoine Richard.

Moindre.

Outre lesquels sont derechef nommez 14. Bourgeois pour auoir l'œil sur autant de quartiers, esquels se treuue diuisée la Ville, pour le fait de ladite Police seulement.

---

§. III.

De la Seneschaussée & Siege Presidial de Lyon.

CE Presidial,le premier de France,a aujourd'huy pour ses Illustres Officiers,

Messire

Meſſire Pierre de Seue, Seigneur de Laual, Conſeiller du Roy en ſes Conſeils d'Eſtat & Priué, Preſident en la Seneſchauſsée & Siege Preſidial de Lyon.

Meſſire Pierre de Seue, Baron de Fleſcheres, Seigneur de S. André du Coing, Limours & Villette, Conſeiller du Roy en ſes Conſeils d'Eſtat & Priué, Preſident & Lieutenant General en la Seneſchauſsée & Siege Preſidial de Lyon.

Meſſire Gaſpard de Montconys, Eſcuyer, Seigneur de Liergues & Poully le Monnial, Conſeiller du Roy, Lieutenant General Criminel en la Seneſchauſsêe & Siege Preſidial de Lyon.

Meſſire Marc Antoine du Sauſay, Seigneur de Varenne & la Moliere, Conſeiller du Roy, Lieutenant Particulier en la Seneſchauſsée & Siege Preſidial dudit Lyon.

Meſſire Gaſpard Charrier, Conſeiller du Roy en ſes Conſeils d'Eſtat & Priué, Lieutenant Particulier, & Aſſeſſeur Criminel.

M. Pierre Boulliou Mermet, Aduocat du Roy.

M. Iean Vidaud, Seigneur de la Tour, Procureur du Roy.

M.Gaspard Vincent de Panettes, Aduocat du Roy.

M.Terrasson, Greffier.

Ce Presidial est de plus rempli de 24. Conseillers, qui ont pour Doyen Maistre Pierre Mellier, Escuyer, aujourd'huy premier Escheuin de la ville de Lyon ; d'vn bon nombre de tres fameux Aduocats, d'enuiron 60. Procureurs, & de 12. Greffiers de la Chambre de l'Audiance du Criminel, & de 7. Huissiers.

Suiuant l'ordre de ma premiere Partie, ie nommeray icy en passant ceux qui composent le venerable

Parlement de Dombes.

M.de Seue de Laual, 1. President.
M.Chappuis, 2. President.
Amyot, Maître des Requêtes.
De Syluecane, Maître des Requêtes.
De Briandas, Doyen.
Rouet, Procureur General.
Malet, Aduocat General.
12. Conseillers.

§.IV.

§. IV.

Du Bureau des Finances.

AV Bureau des Finances entrent auiourd'huy les Seigneurs Cheualiers, Tresoriers Generaux de France, Messire

Iean Charrier, Seigneur de la Rochette, & de la Vieux en Forest, premier President.

Alexandre Mascranni, 2. President.

Iaques du Theilles, Seigneur du Chatelet de Clepe, 3. President.

Barthelemy Loubat-Carles, 4. President.

Alexandre Mazuyer, Seigneur de Torrette, Doyen.

Philippe de Couleur, Seigneur d'Armas.

Iean Baptiste Pianello, Seigneur de la Valette.

Laurens de la Veuë, Seigneur de Cures & Cheurieres.

Camille de Merle, Seigneur de Gregny.

Denis Bernico.

Barthelemy Gueton, Seigneur de la Bussiere.

François Beraud, Seigneur de Bessins.

Pierre Guillard, Seigneur de la Goutte.

Iean Charrier, Seigneur de la Barge.

Leonard Palerme, Seigneur de Sardon.

Guillau

Guillaume Sarde, Seigneur de S. Rénaud.

Louys Gayot.

2. Offices vacans.

Aimé Charrier, Seigneur de la Roche, Procureur du Roy.

Antoine Bourgeois, Aduocat du Roy ancien.

Pierre Philibert, Aduocat du Roy ſecond.

---

§. V.

De l'Eſlection.

CEux qui rempliſſent aujourd'huy les charges de l'Eſlection, ſont : Maître

Hierôme Chauſſe, Conſeiller du Roy, Eſleu & ancien Preſident.

Iaques de Noyelles, auſſi Conſeiller du Roy, Eſleu & ſecond Preſident.

Henry Michel, Conſeiller du Roy, Lieutenant en ladite Election.

Claude Durand, Conſeiller du Roy, Lieutenant Particulier.

Maurice Ramadier, Conſeiller du Roy, Eſleu Aſſeſſeur en ladite Eſlection.

Remond Adueillon, Procureur du Roy en ladite Eſlection.

Iean-

Maître Iean de la Roche, Conſeiller du Roy,& ſon Aduocat en ladite Eſlection.

Il ſe conte de plus 6.autres Eſleus.

Charles Glathoud,Greffier.

§. VI.

Du Siege de la Monnoye de Lyon.

LE Siege de la Monnoye de Lyon a aujourd'huy pour ſes Officiers, Maître

Conſtant de Syluecane, Conſeiller du Roy en ſes Conſeils,Preſident en la Cour des Monnoyes,Commiſſaire au departement de Lyon,

Claude Boyat,Conſeiller du Roy,Iuge Garde de ladite Monnoye.

Iean Vidaud, &c. Conſeiller & Procureur du Roy en ladite Monnoye.

Nicolas,Greffier.

§. VII.

Du Grenier à Sel.

IL ſe treuue à preſent pour Officiers au Grenier à Sel, Nobles

Eſtienne Chabert, ſieur de Chanuert, Conseiller du Roy, President ancien alternatif, controolleur ancien alternatif & triennal audit Grenier.

Pierre Druet, sieur de Manderoux & la Iaquettiere, Conseiller du Roy, Grenetier ancien & moitié triennal audit Grenier.

Iean Terrasson, aussi Conseiller du Roy, Grenetier alternatif & moitié triennal.

..... Faure, Conseiller & Aduocat du Roy audit Grenier.

Iean Vidaud, &c. Conseiller du Roy, & son Procureur audit Grenier.

Iean Claude Druet, Greffier ancien audit Grenier.

Annemond Maurice, Greffier alternatif & triennal audit Grenier.

§. VIII.

Des Hospitaux.

C'Est vne merueille de voir la splendeur & l'œconomie de l'Hospital du Grand Hôtel Dieu, comme de celuy de la Charité : mais c'est vne merueille qu'il faudroit voir veritablement pour la bien connoître, & le discours

ne

ne sçauroit áprocher de l'estat glorieux de ces deux Maisons. I'ájoûteray seulement à ce que i'en ay dit dans ma premiere Partie, qu'elles sont de leur sorte les plus belles & les plus fameuses de toute la Terre, soit pour la somptuosité des bâtimens, soit pour les despenses prodigieuses qui s'y font à l'entretien des pauures & des malades. Ces Hospitaux sont suiuis de quelques autres que ie vais prendre auec les noms de leurs Administrateurs.

I. L'Hospital du Pont du Rhône, autrement le Grand Hôtel Dieu, paroisse de S. Nizier, le plus ancien de tous, & dependant du Corps de Messieurs de Ville; que son superbe portail, sa Chapelle magnifique, son Dôme flanqué de quatre beaux pauillons, & le vaste edifice en forme de croix, sur le milieu duquel il repose, rendent aujourd'huy l'vn des premiers ornemens de Lyon, a 12. Recteurs, sçauoir Messieurs *Le Grand Hôtel Dieu*

Iean Vidaud, Seigneur de la Tour, Procureur du Roy, President.

Gabriel Valoux, Aduocat és Cours de Lyon.

François Basset, ancien Escheuin, qui prend la charge des maisons des champs.

Iean Arthaud, Tresorier de l'Hôtel Dieu.

Louys Raffelin, qui tient les grans liures.

Iean Fayard, qui a soin des bâtimens.

Claude de la Forest, des bleds.

Gaspard Fayard, des seruiteurs & seruantes, du linge & de la viande.

Iean-Baptiste Raffard, de la Pharmacie.

Claude Corteille, de la menuë depense.

Louys Auber, du vin, bois & charbon.

Nicolas Alenet, des enfans.

Barthelemy Morinole, Prêtre, est l'œconome de la Maison, laquelle nourrit ordinairement plus de 500. bouches, & au dehors pour les enfans exposez, il luy faut toûjours 1200. nourrices.

Deux Medecins sont necessaires audit Hôtel-Dieu, qui sont à present Messieurs

Claude Pons, Doyen du College.

Iean Leal.

Ces dignes Recteurs imitent ce pieux Samaritain de l'Euangile, loué de la bouche propre de I.C. pour auoir mis le premier ápareil aux blessures d'vn homme, que la diference de leurs opinions touchant la Loy, pouuoit faire negliger auec plus de couleur que les deux impitoyables qui venoient de passer outre, sans que la la vuë de ce pauure blessé les eût pû toucher. Ces Recteurs, dis-ie dans ces rencontres reçoiuent charitablement dans leur maison les malades de toute sorte de Religions, & il ne se peut dire auec quels soins, & quelle tendresse chacun s'y void traitté suiuant la qualité de son mal.

II. L'Hôpital de N. Dame de la Charité, en Belle-Cour, paroisse de S. Michel, où se tient le bureau de l'Aumône generale, a 16. Recteurs, que ie donne icy suiuant leur rang, & auec leurs charges : sçauoir Messire *L'Aumône Generale.*

Marc de Cremeaux, Sacristain en l'Eglise Comté de Lyon, Abbé de Megemont, premier President de l'Aumône Generale.

Aymé Charrier, Escuyer, Baron de la Roche, Seigneur de Iullie & Iullienart, Conseiller du Roy, & son Procureur en la Generalité de Lyon.

Matthieu Gaillad le ieune, Docteur és droits, Aduocat és Cours de Lyon, aussi Presidens de ladite Aumône.

François Chappuis, ancien Escheuin.

Barthelemy Ferrus, Tresorier de l'Aumône Generale.

Simon Fournier, a la charge des petits garçons,& le controole de l'entrée du vin.

Claude Pellot,tient les grans liures.

Antoine Richard, a l'œil sur les petites filles,& sur le linge.

Barthelemy de la Frasse,sur les filles de saincte Catherine.

Pierre Driuon, drapier, tient les clefs de la Garderobbe.

Pierre Bourrelier,pouruoit au bois,charbon, & à la cordonnerie.

Estienne Baudry, prend le soin des enfans de la Chanal,auec les ameublemens.

Paul Aubarede,dispense les bleds & farines.

Luc Antoine May,donne ordre aux manufactures.

Blaise Bonaud,conduit la cuisine.

François du Soleil,gouuerne le vin.

Iean Polete,Prêtre, a la charge d'œconome de la Maison.

Pierre Potot,Medecin.

Bouches dedans & dehors. Ledit Hospital de la Charité nourrit ordinairement dans la maison 1000. bouches & plus,& au dehors toûjours 15000. ausquelles il se distribue chaque Dimanche en cinq quartiers

tiers de la Ville par les mains desdits Administrateurs iusques à 30000. liures de pain. Duquel nombre fait aisement foy la celebre procession de l'Aumône Generale, qui marche tous les ans vn Dimanche de la foire de Pasques, à laquelle assistent toutes les personnes qui reçoiuent ledit pain ; les quatre Ordres Mendians, & les principaux Corps de la Ville qui s'y treuuent inuitez, & encore que ladite Procession qui part de la Charité pour se rendre par Belle-cour, aux ruës du Bourg-chanin, de l'Hôpital, du Puis-pelu & de la Grenette, & delà à la place de S. Nizier pour gagner le Pont de pierre, la ruë de Flandre, & l'Eglise de S Paul, où elle enfile la ruë de la Iuifverie pour reuoir le Change, & poursuiure par la ruë de S. Iean iusques à la Cathedrale, où elle est receuë par vn beau sermon ; encore, dis-je, que ladite Procession face vn tour si grand, la premiere baniere est à la place de S. Iean, deuant que la Maison de la Charité soit vuide. C'est encore vne chose digne de merueille dans ce lieu, d'y voir de toutes sortes de mêtiers & manufactures, qui auec son étendue & ses diuers corps, auec son bel ordre & ses priuileges pourroient le faire

Procession de l'Aumône Generale.

passer

paſſer pour vne ville qui feroit honte à beaucoup qui n'en portent pas le nom à ſi iuſte titre.

Ainſi les deux Maiſons du grand Hôtel-Dieu & de l'Aumône Generale entretiennent tous les iours 17700. perſonnes, ſans conter les étrangers qu'on peut iuger en bon nombre, puis que Lyon eſt comme le centre de l'Europe, où ſes plus belles Prouinces viennent aboutir, & par conſequent lieu de grand paſſage.

De ladite Maiſon de la Charité dependent les Hoſpitaux de

La Chanal. III. S. Martin de la Chanal, paroiſſe de S. Paul, proche de la porte de Pierre-ſcize.

S. Catherine. IV. S. Catherine, paroiſſe de S. Pierre & S. Saturnin, proche des Terreaux. Et

Des Paſſans. V. Des Paſſans ou Etrangers, à la Guillotiere, proche du Pont, qui a pour Adminiſtrateur M. Barthelemy Ferrus, Treſorier de l'Aumône Generale.

S. Laurent. VI. L'Hoſpital de S. Laurent, aſſis à l'emboucheure des deux riuieres, hors de la porte S. George, ſert à retirer les malades au temps de contagion, & ſe void tout proche la belle Maiſon de la Quarantaine, dont i'ay parlé cy deſſus.

Meſſieurs les Commiſſaires de Santé, adminiſtra

nistrateurs dudit Hospital, sont au nombre de 10. sçauoir à present Messieurs

De Liergue,&c.President au Bureau.

Torel,Conseiller au Presidial.

Falconnet,Conseiller Medecin du Roy.

Pecoul,ancien Escheuin.

La Liue.

Bateon.

Iulien.

Ferrus.

De la Praye.

Arnaud.

Ie renuoye mon Lecteur qui en voudroit sçauoir d'auantage, aux recueils curieux qui se sont faits desdits Hospitaux.

---

§. IX.

DES COLLEGES.

CE n'est pas le commerce seulement qui fait subsister les villes, c'est aussi par le moyen des sciences qu'elles fleurissent; & les Lyonnois qui ont l'esprit bon & vn naturel docile, sont amateurs des belles lettres autant qu'hommes qui soient soûs le ciel. Les lieux où elles s'enseignent pour ne point porter le nom d'Vniuersité, se treuuent conduits par de sçauans Maîtres, que feroient gloire d'auoir pour les leurs les premieres Academies de l'Vniuers. La Theologie & Scholastique & Morale, l'art de bien raisonner, comme celuy de bien dire, la Physique, les Mathematiques, les langues sainctes & les vulgaires ont dans vn même enclos chacune leur ápartement.

Grand College. I. Le premier de ces Colleges, soûs le titre de la S.Trinité, paroisse de S. Nizier, l'vn des beaux & vastes edifices de sa sorte qui soit dans l'Europe, est assis le long du Rhône en forme d'vne Isle qui fait vn prodigieux quarré, & se treuue conduit par les RR. PP. Iesuites. Quatre Professeurs y enseignent d'ordinaire la Theologie, & la Philosophie en ócupe trois. Les Prefects qui president aux Etudes, sont auiourd'huy les RR.PP.Charles du Lieu, & Iean Couerden. La Bibliotheque de ce College qui a vuë sur les campagnes du Dauphiné, sur le Lyonnois, & sur la Bresse, est remplie d'vn nombre infiny des meilleurs liures, & peut passer du moins à sa place & ses enjoliuemens pour la plus belle de la Societé.

II. Le

II. Le ſecond ſoûs le tître de N. Dame, appellé le Petit College au regard du precedent, qui remporte à bon droit le ſurnom de Grand, eſt aſſis au pié du côteau de Fouruiere paroiſſe de S.Croix,& a le R.P. Iean de Buſſieres pour Prefect des Etudes.

Petit College.

Chaque Maiſon de Religieux a de plus ſes Ecoles particulieres.

Mais puis que ie ſuis aux termes des ſciences & de ceux qui les profeſſent; ne dois-je point faire icy quelque mention des Docteurs en Theologie de la Faculté de Paris, que Lyon ſe void auiourd'huy dans ſon enceinte? Ils font veritablement vne belle partie de ſa gloire, & il eſt à propos que ie publie leurs noms, ſuiuant l'ordre de leurs licences.

Docteurs de Paris.

Maître Bezian Arroy, Docteur en Theologie, de la Faculté de Paris, de la Maiſon Royale de Nauarre, Theologal en l'Egliſe Primatiale de S. Iean, Prieur de S. Anne de l'Iſle Barbe, Curé des Parroiſſes de S.Pierre de Vaize & de Caluire, & digne Precepteur du plus Illuſtre des Archeuêques.

Les RR. PP.

Eſtienne Molins, Religieux Carme, qui

s'eſt vû deux fois Prouincial de la Prouince de Narbone, & deux fois Prieur au Grand Conuent de Paris.

Iean Robbé, de l'Ordre de S. Dominique, qui s'eſt vû Prieur en diuers lieux, & qui a rempli les meilleures Chaires de France.

Michel Micard, de l'Ordre de S. François, eſt demeuré Gardien ſix ans de ſuitte au Conuent des Cordeliers de Lyon, dit de S. Bonauenture.

Gregoire Guerody, de la Famille de S. Auguſtin, n'eſt que depuis peu dans cette Ville, où il s'eſt fait eſtimer d'abord par l'eloquent Panegyrique qu'il fit le 4. d'Octobre dernier au Conuent de S. Bonauenture à la memoire de S. François.

Paul Lombard, duquel i'irriterois poſſible la modeſtie, ſi ie rentrois vne ſeconde fois dans des loüanges qu'il ne merite que trop, puis qu'il en merite d'eternelles. Retourne, mon Lecteur, ſi tu as paſsé trop legerement par deſſus, au §. 3. du premier Chapitre.

Cyrille Morel, voy le même endroit dudit paragraphe.

Philibert Petrot, Gardien du Conuent de

S. Bo

S. Bonauenture, & comme i'ay dit, l'vn des zelés & des eloquens du ſiecle, pour qui le defunct Cardinal de Richelieu, Archeuêque de Lyon, auoit vne eſtime & vne amour tres particuliere, l'ayant honoré durant ſa vie des plus beaux employs que peut meriter vn Religieux. La Chaire de S. Paul pendant vn Careſme, celles de S. Nizier, de S. Pierre & de la Plattiere, pendant les Octaues, & derechef tout vn Aduent & tout vn Carême celle de S. Croix ont retenti de la belle & energique voix du Pere Petrot.

Alexandre Richard, Prieur du Conuent des Dominicains de Noſtre Dame de Confort.

Mais l'Illuſtre Archeuêque dont la ville de de Lyon jouït à preſent, témoigne bien de ſe connoître auſſi parfaitement que ſon Predeceſſeur au choix des perſonnes, lors qu'il retient aupres de la ſienne,

M. Bedien Morange, Docteur en Theologie de la Maiſon & Societé de Sorbone, en qui le profond ſçauoir & le talent de le produire de la belle ſorte, n'ont pas attendu le nombre des années auquel beaucoup d'autres commencent seulement à prendre leçon. C'est vn esprit rempli d'vn beau feu,& qui fait paroître tout ensemble & de la solidité & du brillant.

La plus part des susdits Docteurs de Paris doiuent leur naissance à cette ville, & y font actuellement leur demeure: mais i'en puis encore nommer trois celebres de la même faculté, tous trois de Lyon,& tous trois absens: sçauoir,

Maître Iean-Baptiste Pellot, sorty d'vne des meilleures familles de cette ville, feu son Pere ayant exercé auec gloire ses plus belles charges; qui s'est fait admirer sur le ban & dans les Chaires, & qui de Chanoine de N. Dame de Paris,& d'Abbé de deux riches Abbayes, s'est rendu par vn beau mépris des grandeurs du siecle, habitant de l'affreux desert de la Grand Chartreuse.

Michel de Pure, proche Parent de Magdelaine de Pure, digne Superieure du Grand Conuent des Religieuses Vrsulines; l'vn des beaux esprits du temps,& dont les predications attirent dans Paris tout le beau monde.

Le R. Pere Paul Landry, Dominicain, Souprieur du grand Conuent de sainct Iaques, & qui

qui ſçait tres-bien conſeruer à l'Ordre le nom de Predicateurs par excellence.

La Ville ne manque non plus d'habiles Iuriſconſultes qui dictent les loix.

College des Medecins.

III. Meſſieurs les Medecins compoſent de leur côté vn College magnifique, auquel ils ne reçoiuent perſonne qu'apres en auoir tiré par pluſieurs enquêtes, & diuers actes publics, des preuues aſſurées de probité & de ſuffiſance; ce qui le rend tres-conſiderable & tres-fameux. Ils ſont à preſent au nombre de 22. ſcauoir : Meſſieurs

Claude Pons, de Lyon, Doyen du College, & premier Medecin du Grand Hôtel-Dieu.

Henry de Rhodes, d'Auignon, Vice-Doyen.

Louys de Serres, de Noyons en Daüphiné.

Henry Gras, de Lyon, Conſeiller Medecin du Roy.

Pierre Guillemin, de Lyon, Conſeiller Medecin du Roy.

Pierre Garnier, de Breſſe.

Antoine Robert, de Tournon en Viuarets, Conſeiller Medecin du Roy.

Iean Balcet, de la Vallée de Pragelas.

Iean Leal, d'Ambrun, Medecin du Grand Hôtel-Dieu.

Guillau

Guillaume Sauuageon, de Neuers.

Charles Spon, de Lyon, Conseiller Medecin du Roy.

André Falconnet, de Roüanne, Conseiller Medecin du Roy, & Medecin de Santé.

Iean Gimel, de Lyon.

Lazare Meissonnier, de Clugny en Bourgongne, Conseiller Medecin du Roy.

Iean Clande Marcellin, de Lyon.

Gilles Boni, de Lyon.

François Picotté de Belestre, d'Orleans.

Pierre Potot, de Lyon, Medecin de l'Hôpital de N.Dame de la Charité.

Iean de la Mouniere, de Lyon.

Louys de Serres le fils, de Lyon.

Pierre Barra, de Lyon.

Claude Stouppe, de Lyon, duquel ie tire gloire d'auoir été condisciple, comme d'vne personne que le sçauoir qu'il a puisé dans les illustres & seueres écoles de Padoüe & de Montpellier, & l'experience qu'il s'est áquise dans plusieurs villes, rendent déjà malgré son ieune âge, tres considerable & tres employé.

§. X.

§. X.

De l'Academie Royale.

CEtte Illustre Academie est assisse proche des iardins d'Esnay, vis à vis de l'Arsenal, & se void toûjours remplie de 20. à 25. Ecoliers. Elle est tenuë par

Iaques de Forestier, Escuyer du Roy. Ie croy en auoir assez parlé dans ma premiere Partie.

Il se treuue derechef au pié des Capucins du Petit Forests, proche des Terreaux, vne maison où le sieur Philibert Solicofre áprend à monter.

Chapitre III.

Du Corps Militaire.

§. I.

De la Compagnie des Arquebuziers de la Ville.

CEtte belle Compagnie a pour Officiers,

Charles Grollier, Escuyer, Seigneur de Cazot, Capitaine de la ville de Lyon & Forces d'icelle.

M. Le Beau, Lieutenant.

M. Hugally, Enseigne.

§. II.
DES PENONNAGES.

LA Ville à raison de la Garde est auiourd'huy diuisée en 38.quartiers ou Compagnies,qui se disposent toutes les nuicts chacune à son tour aux places du Change & de l'Herberie,c'est à dire aux deux endroits les plus importans,& comme au cœur de Lyon de côté & d'autre de la Saone,pour obuier aux entreprises qui se pourroient faire mal à propos.Ie les donne icy de rang comme ie les ay receus.

I. *S.Vincent*, a pour ses Capitaine, Lieutenant & Enseigne,Messieurs le Baron de Ions,de Poge,Maurice.

II. *La Pescherie*, Combet,Gerry,Charauet.

III. *Le Plastre S.Esprit*, De Liergues,Geneué,de Bailly.

IV. *Pierre-cise*,Beraud,la Rochette,Riuoiron.

V. *Grolée Bonrencontre*, Honnorat,Rouseau, Bourdin.

VI, *Puy-pelu*,L'Antoine,Offray,Candy.

VII. *La Coste S.Sebastien*,Cartier,Bonnet.....

VIII. *S.Iust*,Chappuis,du Su,d'Halery.

IX. *La Grenette*,Morant,Morant,Coste.

X. Le

X. *Lë Change*, De Merle,du Pré......

XI. *Portefroc*,De Fleſcheres, ...

XII. *La haute Grenette*, Pernard, Vernay, Cler.

XIII. *Ruë de Flandres*, Tremel,Seue, Lambreſche.

XIV. *Boucherie de l'Hoſpital*, Seuerat,Mounié,Malherbe.

XV. *Ruë Merciere*, Theuenet,Richard,Liuet.

XVI. *Confort*, Barlet,Iuilleron,Satin.

XVII.*La Grand'ruë*, De Brioudes,Thioully, Fillon.

XVIII.*Ruë du bœuf*, De Pomey, De Meaux, Perrodon.

XIX. *L'Herberie*, Paquet,Ferrus,......

XX. *Ruë Thomaßin*, Riuiere, Aniſſon, Roüanne.

XXI. *Ruë des trois Maries*, De Buiſſelet, Reſinan, ...

XXII.*Poullaillerie S.Paul*, Puylata, Rongat, Deruieu.

XXIII.*Bourgneuf*, Guerin,Madinié,Buſſiere.

XXIV.*Bourgchanin*, De Laual, Carret,Saintplou.

XXV. *S. Paul*, Blandin, Madiere, Soupa.

XXVI. *S. Pierre*, La Liue, Gabet, Charuet.

XXVII. *Puis du Sel*, Sarde, De Bo, Chomer.

XXVIII. *Gourguillon*, Chauſſe, De Liſeçon, Charayzieu.

XXIX. *Ruë de la Gerbe*, Murard, Violette, Gonnin.

XXX. *S. Nizier*, De Cotton, Du Mas, Perrin.

XXXI. *S. George*, Farjot, Izat, Oris.

XXXII. *S. Marcel*, Grollier, De Conte, Maton.

XXXIII. *La Lanterne*, Ceriſe, Fraiſſe, Gros.

XXXIV. *Ruë Paradis*, Vidaud de la Tour, ... Poſe.

XXXV. *La Iuifverie*, Gueſton Treſorier, Mercier, La Foreſt.

XXXVI. *Ruë Neufve*, Ratton, Malet, Giron.

XXXVII. *Le Griphon*, Cochardet, Sceparon, Theuenard.

XXXVIII. *Port du Temple*, Barthelemy Ferrus, nommé pour la quatriéme fois dans ce recueil, ſçauoir : en qualité de Treſorier de l'Aumône Generale, d'Adminiſtrateur de l'Hoſpital des Paſſans, de Commiſſaire de Santé,

Santé,& maintenant de Capitaine Penon ; c'est à dire, qu'il marche sur les brisées, & reprend les mémes pas de feu son pere, comme il a herité de ses vertus & de son merite. Aussi ie puis dire que sa pieté solide, son genie intelligent, & sa vigilance extreme le rendent digne des plus hauts employs;& i'aurois assez en luy seul dequoy porter iusqu'au ciel le bel esprit, la prudence accorte, & l'humeur bien-faisante des Lyonnois. Sa modestie que ie crains de blesser, me defend d'en dire icy dauantage, & i'aurois fait de méme vn petit panegyrique à chacun des autres, si i'eusse pû decouurir leurs noms propres & leurs qualitez, & si ie m'en fusse treuué proche voysin comme de Monsieur Ferrus. Ie me suis donc vû obligé auec regret à en vser si briefvement, & s'il est besoin, vne deuxiéme impression pourra súpleer aux defauts de la presente. Le sieur Du Four est Lieutenant ou Enseigne de ladite Compagnie du Port du Temple ; la Ville de qui depend la creation desdits Officiers n'ayant point encore pouruû à vn troisiéme.

La charge de Sergenr Major de la Ville est exercée conjointement par

Remond Seuerat, Escuyer, &

Laurent Seuerat, son fils, à qui le Roy en donne la suruiuance.

---

§. III.

De la Compagnie du Guet.

CEtte Compagnie, de laquelle i'ay décrit les charges, ainsi que des precedentes, sur la fin de ma premiere Partie, a pour Officiers,

Iean Baptiste Farjot, Seigneur de S. Hilaire, Conseiller & Maistre d'Hostel ordinaire du Roy, ancien Escheuin, Cheualier & Capitaine du Guet de la ville de Lyon.

M. Pernat, Lieutenant.

---

§. IV.

De la Compagnie Colonnelle des Suisses.

CEtte Compagnie estrangere disposée aux portes de la Ville dont elle a la garde, reconnoît pour ses Officiers,

Messire Henry de Chauuestein, Capitaine Colonnel de l'ancienne Compagnie des Suisses, entretenue du Roy pour la garde des portes de la ville de Lyon.

M.re Rodolphe de Chauuestein, Lieutenant.

CON

CONCLVSION.

IE n'ay pû venir à bout du dessein que i'auois de dresser en faueur des Etrangers, vne liste des Edifices sacrez & ciuils dedans & dehors la Ville, qui peuuent passer pour pieces curieuses, & dignes que l'on y porte ses pas. I'ay fait veritablement vne legere mention de quelques vns, comme du frontispice de la Cathedrale, du portail de l'Hostel Dieu, & de sa Chapelle, du College de la Trinité, de S. Antoine, de l'Hostel de Ville: mais aussi ie n'ay point parlé du magnifique bâtiment des PP. Chartreux, de quantité d'autres belles Maisons Religieuses, de plusieurs Palais assis en Bellecour, sur le panchant de Fouruiere & sur le bord de la Saone, non plus que de cent lieux de Plaisance qui se voyent le long du Rhône sur le côteau & dans la Plaine opposée; au dessus de Lyon du côté de Vaize & de la Croixrousse, & sur tout de la Maison, du Parc & des Iardins de Vimi, que i'aurois crû des lieux enchantez, si les personnes qui m'y ont ácompagné ne m'eussent tiré de cette erreur innocente; & ie suis persuadé maintenãt, que leur beauté pour être extraordinaire,

est

eſt vne beauté reelle; ſans que ie métonne plus ſi elle eut alors pour moy de ſi puiſſans charmes, puis que leur Maître ſçait charmer de même par ſes vertus heroiques & rares bienfaits, tous les cœurs des Lyonnois qui l'aiment & qui l'adorent. Ie reſerue donc cet article des belles Maiſons à vne nouuelle edition, comme encore de pluſieurs choſes que ie n'ay qu'éfleurées, & de quelques Corps que ie n'ay pris qu'à moitié pour n'auoir pû áprendre aſſez toſt les noms & qualitez de chacun; & d'ailleurs ne voulant donner pour la premiere fois qu'vn rácourcy de ce qui pourroit monter à vn gros volume. Mais auſſi ſeray-ie blâmé d'auoir été court? & n'eſt-ce pas beaucoup d'épargner aux curieux vn plus grand achapt & vne lecture plus longue, par vne peinture qui poſſible n'exprime pas moins bien ce qu'elle porte pour être en petit?

FIN.

www.ingramcontent.com/pod-product-compliance
Ingram Content Group UK Ltd.
Pitfield, Milton Keynes, MK11 3LW, UK
UKHW021823190726
13853UKWH00003B/1162

9 782329 569727